ÉLOGE

HISTORIQUE ET LITTÉRAIRE

DE L'ABBÉ D'OLIVET,

DE L'ACADÉMIE FRANÇAISE,

SUIVI DE NOTES ET ACCOMPAGNÉ DE SON IDYLLE LATINE SUR
L'ORIGINE DE SALINS, TRADUITE EN FRANÇAIS
POUR LA PREMIÈRE FOIS.

OUVRAGE QUI A OBTENU UNE MENTION HONORABLE AU CONCOURS PROPOSÉ
PAR L'ACADÉMIE DES BELLES-LETTRES, SCIENCES ET ARTS DE BESANÇON.

Par M. E. Bousson de Mairet,

ANCIEN PROFESSEUR DE RHÉTORIQUE, MEMBRE DE LA SOCIÉTÉ D'ÉMULATION DU JURA.

> Grammatica veluti viatoris locum erga
> cæteras scientias obtinet.
>
> *Bacon, De augmentis scientiarum.*

PRIX : 1 FRANC 25 CENT.

Paris

HACHETTE, Libraire, rue Pierre-Sarrazin.
POILLEUX, Libraire, quai des Augustins.
Firmin DIDOT, imp.-libr., rue Jacob, 56.

M DCCC XXXIX

ÉLOGE

HISTORIQUE ET LITTÉRAIRE

DE L'ABBÉ D'OLIVET.

IMPRIMERIE D'AUGUSTE JAVEL, A ARBOIS.

ÉLOGE

HISTORIQUE ET LITTÉRAIRE

DE L'ABBÉ D'OLIVET,

DE L'ACADÉMIE FRANÇAISE,

SUIVI DE NOTES ET ACCOMPAGNÉ DE SON IDYLLE LATINE SUR
L'ORIGINE DE SALINS, TRADUITE EN FRANÇAIS
POUR LA PREMIÈRE FOIS.

OUVRAGE QUI A OBTENU UNE MENTION HONORABLE AU CONCOURS PROPOSÉ
PAR L'ACADÉMIE DES BELLES-LETTRES, SCIENCES ET ARTS DE BESANÇON.

Par M. E. Bousson de Mairet,

ANCIEN PROFESSEUR DE RHÉTORIQUE, MEMBRE DE LA SOCIÉTÉ D'ÉMULATION DU JURA.

> Grammatica veluti viatoris locum erga
> cæteras scientias obtinet.
>
> *Bacon, De augmentis scientiarum.*

Paris

HACHETTE, Libraire, rue Pierre-Sarrazin.
POILLEUX, Libraire, quai des Augustins.
Firmin DIDOT, imp.-libr., rue Jacob, 56.

M DCCC XXXIX

A

MONSIEUR

Charles Weiss,

CONSERVATEUR DE LA BIBLIOTHÈQUE

DE LA VILLE DE BESANÇON,

CHEVALIER DE LA LÉGION D'HONNEUR,

MEMBRE DE PLUSIEURS SOCIÉTÉS SAVANTES,

CORRESPONDANT DE L'INSTITUT.

Hommage de respect

ET DU PLUS TENDRE ATTACHEMENT.

Avant-Propos.

L'ACADÉMIE de Besançon proposa en 1836, pour sujet du prix d'Eloquence qui devait être décerné en 1837, l'ELOGE DE L'ABBÉ D'OLIVET. Aucun concurrent ne s'étant présenté, elle le remit à l'année suivante, reçut un essai insuffisant, qu'elle ne jugea pas à propos de couronner, et remit pour la troisième fois le sujet au concours.

Deux discours lui furent adressés; celui que, sur l'invitation de l'Académie, exprimée par son rapporteur, je présente au public, n'a pas obtenu le prix, mais une mention honorable, accompagnée d'une médaille de bronze. La minorité de la commission était d'avis que le prix fût partagé.

La commission m'a reproché d'avoir été trop sobre de détails, et par conséquent incomplet. J'ai retouché mon travail avec la plus grande sévérité, et à l'aide des recherches nouvelles que j'ai pu faire à la bibliothèque de Besançon, grâce à l'extrême obligeance de M. Weiss, et qui m'ont fourni des détails qu'il m'avait été impossible de connaître auparavant, j'ai pu le compléter.

Le plan que j'ai adopté, non sans y avoir longtemps réfléchi, a été critiqué par la commission. Mais j'ai reconnu en d'Olivet plusieurs sortes de mérite ; celui par lequel il s'est principalement distingué est celui de grammairien : comme traducteur, comme érudit, sa renommée n'est point aussi étendue.

En suivant l'ordre chronologique des faits, j'aurais été forcé de tout confondre, ce qui eût été, à mon avis, un inconvénient. Cet inconvénient eût été plus grave encore, si j'avais répandu dans tout le discours la partie où je considère l'écrivain sous les rapports qui lui sont personnels. En un mot, j'ai cru devoir apprécier d'Olivet, d'abord comme grammairien, en second lieu comme traducteur et comme érudit, enfin comme homme, dans ses relations avec ses contemporains.

Je ne terminerai point cet avant-propos sans offrir à messieurs les membres de la commission et à leur honorable rapporteur, l'hommage de mon respect et de ma reconnaissance. Les marques d'estime qu'ils ont bien voulu m'accorder sont trop flatteuses pour ne point équivaloir à mes yeux la couronne qu'ils n'ont pu me décerner.

20 *Octobre* 1839.

ÉLOGE

HISTORIQUE ET LITTÉRAIRE

DE L'ABBÉ D'OLIVET.

Il n'est peut-être pas en littérature d'ouvrage qui présente plus de difficultés que l'Éloge d'un homme de lettres, qui a fondé sa gloire sur l'utilité de ses écrits, et non sur leur éclat. Dire ce qu'il a fait est son meilleur éloge : les pensées brillantes, les tours hardis, les périodes sonores et nombreuses, le mouvement, l'originalité, la pompe du style ne sont que des hors-d'œuvre qui contrastent péniblement avec l'objet du discours, et deviennent de véritables exagérations que rejette un goût pur et délicat. A nul écrivain, plus qu'à D'OLIVET, ne peuvent s'appliquer ces réflexions : grammairien profond, érudit et traducteur distingué, rien ne donne lieu, dans sa vie et dans ses ouvrages, aux prestiges de l'éloquence. Comme celle de Dumarsais, sa vie fut utile et non éclatante (¹). Mon devoir se borne donc à exposer ce qu'il a fait, à peindre cet homme justement célèbre avec cette élégante simplicité dont il ne s'écarta jamais, certain que les règles de l'art, dans un éloge de la nature de celui-ci, exigent que le panégyriste se pénètre du génie de celui qu'il veut faire connaître et admirer, de son caractère, et ne se passionne pas quand rien n'autorise les élans passionnés.

« La Grammaire, dit Bacon (²), est un guide vers les
» autres sciences ; mais tout en occupant une place né-
» cessaire, elle ne s'élève cependant pas à un rang
» distingué. » Le motif qu'il donne de cette infériorité
a cessé d'être vrai. A l'époque où florissait ce grand
homme, pour traiter des matières scientifiques, on
préférait se servir des langues anciennes ; les langues vulgaires étaient dédaignées ; elles étaient loin
d'avoir acquis le degré de perfection où elles sont
parvenues ; à la rudesse elles joignaient la pauvreté ;
une langue ne s'enrichit qu'à mesure que le peuple
qui la parle acquiert des idées et des connaissances
nouvelles. Si quelques-unes déjà s'approchaient
de ce point qu'elles ne peuvent dépasser sans s'al-
térer, chacune d'elles servait exclusivement au peuple
dont elle portait le nom, tandis que le latin, par sa
concision, sa richesse, son universalité, paraissait
aux savants de toutes les nations un lien commun
entr'eux, et l'unique moyen de répandre dans toutes
les contrées les idées créées par leur génie.

Dans un tel état de choses, il est peu étonnant que
Bacon ne crût pas devoir assigner à la Grammaire
un rang élevé dans les connaissances humaines. Ne
se servant que du latin, qui lui était aussi familier
que sa langue maternelle, il ne reconnaissait pas
une incontestable nécessité à l'art grammatical, appliqué à un idiome devenu étranger à ses contemporains, et qui, loin de recevoir aucune amélioration,
ne pouvait désormais que se corrompre. Les ouvrages
des historiens, des orateurs, des poëtes de l'ancienne
Rome, les travaux des Quintilien, des Varron, des

Nonnius, des Priscien, et depuis la renaissance des lettres, des Valla, des Sanctius, des Estienne et autres, ne lui laissaient rien à désirer.

Ce grand homme terminait sa carrière (1626), lorsque la langue française commença à prendre une forme fixe et déterminée. Alors Malherbe approchait de sa fin; Balzac avait acquis sa renommée; notre langue avait reçu d'eux le nombre et l'harmonie dont elle était dépourvue; Vaugelas lui donnait la pureté, la correction, la facilité; et quelques années après, Pascal lui imprimait le caractère de son génie, ferme autant que méthodique.

Mais ce fut au règne de Louis XIV, à l'étendue de sa puissance, à l'éclat de ses victoires, aux chefs-d'œuvre des grands écrivains qui ont immortalisé ce beau siècle, que la langue française dut d'être mise hors de ligne, et d'être répandue dans l'Europe entière. Les hommes éclairés de toutes les nations se firent gloire de la connaître et de la parler; le latin, sans être abandonné, cessa d'être le seul idiome généralement en usage; on remarqua dans le français cette clarté que le latin n'a pas toujours: et quoique ce dernier soit plus précis, comme la première qualité du langage est d'être parfaitement intelligible, ce caractère de clarté, particulier à notre langue, lui fit partager avec sa devancière l'honneur d'être d'un usage général.

L'histoire de la littérature établit un fait; les règles n'ont jamais précédé, mais suivi ces productions éminentes de l'esprit qui créent un genre ou qui changent la face d'une langue. Aussi ne trouvons-nous pas, avant le XVIIe siècle, de code de la nôtre,

car nous ne donnerons pas ce titre aux essais in-
formes de Sylvius, de Meigret et de Dubellay (⁵),
malgré les services incontestables qu'ils ont rendus.
Les premiers travaux durables en ce genre ne paru-
rent qu'après le temps où Balzac et Malherbe eurent
soulevé un coin du voile qui nous cachait le véritable
génie de notre langue. Ce fut en 1647 que Vaugelas,
résumant toutes les discussions grammaticales des
membres de l'Académie française, qui venait de
naître sous le patronage de Richelieu, publia ses
Remarques : mais, toutes judicieuses qu'elles étaient,
elles ne formaient point un corps de doctrine, et
n'offraient, à proprement parler, que d'excellents
matériaux pour élever un édifice complet et régulier.
En 1660 on le vît sortir de la studieuse et savante
école de Port-Royal; associé à Lancelot, qui venait
de rendre le même service aux lettres grecques et
latines, Antoine Arnauld, surnommé le Grand, publia sa Grammaire où, exposant les principes philosophiques du langage, il en fait l'application à
toutes les langues, et particulièrement à la langue
française. Le P. Bouhours, rhéteur célèbre, médita
aussi ce sujet, si intimement lié à l'éloquence; de
ses réflexions résultèrent des *Doutes* qu'il s'efforça
d'éclaircir dans une publication faite pendant les
années 1674 et 1675. L'abbé de Dangeau publia ensuite divers opuscules sur les différentes parties de la
grammaire; quelques-uns furent recueillis (⁴), et
n'ont pas été inutiles à nos grammairiens modernes ;
mais il n'existait point encore de grammaire exclusivement française où fussent traitées dans leur ordre
naturel toutes les espèces de mots; cette grammaire

parut en 1706 : elle avait pour auteur l'abbé Régnier-Desmarais. Rédigée dans le but de développer les principes exposés dans le dictionnaire de l'Académie, dont il avait été l'un des principaux collaborateurs, cette grammaire n'est pas complète ; la syntaxe n'y est point traitée : elle ne comprend que les détails des parties de l'oraison.

Tel était le point auquel s'arrêtait la science grammaticale en France, lorsqu'en 1723, l'Académie française accueillit dans son sein, sans aucune sollicitation de sa part, et au moment même où, à cent lieues de la capitale, il était occupé à rendre les derniers devoirs à son père, *Joseph Thoulier* D'OLIVET, né à Salins, en Franche-Comté, le 1er avril 1682. Sa famille occupait un rang élevé dans la magistrature, ce qui lui valut à lui-même, vers 1725, de faire partie de cet ordre, en qualité de Conseiller d'honneur à la chambre des comptes de Dole.

Après avoir terminé de brillantes études au collége de sa ville natale, dirigé à cette époque par les jésuites, il entra dans cet ordre célèbre, sur les instances de ses anciens maîtres, qui, selon leur usage en pareille circonstance, n'avaient rien négligé pour s'attacher un sujet dont ils prévoyaient que les talents honoreraient leur société. Ses supérieurs l'envoyèrent d'abord à Reims, ensuite à Dijon, d'où ils l'appelèrent à Paris et lui confièrent d'importantes fonctions dans leur collége de Louis-le-Grand. Les succès qu'il y obtint, soit dans l'enseignement, soit comme prédicateur, firent jeter les yeux sur lui pour continuer l'histoire de l'ordre, dont le P. Jouvancy avait été chargé en 1699, et que son âge avancé (⁵) l'empêchait de terminer. En conséquence, il partit en 1713 pour Rome, où le P. Jouvancy devait lui remettre les documents destinés à servir de base à son travail. Le P. Thoulier (c'était le nom de sa mère, et il le portait alors par égard pour un de ses oncles) en fut accueilli avec une extrême bienveillance; mais il n'eut pas plus tôt connu la tâche qui lui était imposée, qu'il s'en effraya. Il craignit d'être forcé de renoncer aux études conformes à ses goûts, dont il s'était occupé jusqu'alors; et ne voyant aucun autre moyen de se dispenser de la remplir, il quitta la société. En vain, pour le retenir, lui offrit-on la place d'instituteur du prince des Asturies : au sort brillant, mais dépendant, dont il aurait joui dans une cour étrangère, il préféra, dans sa patrie, une obscurité studieuse et la liberté.

Admirateur passionné de Cicéron, dont il regardait les ouvrages comme une mine inépuisable de préceptes et de modèles d'éloquence, et qu'il lisait et relisait sans cesse, d'Olivet (ce fut le nom qu'il reprit après avoir quitté les jésuites) (⁶), avait publié, en 1721, la traduction des Entretiens sur la nature des Dieux, et antérieurement, en 1710, à la suite des œuvres posthumes de Maucroix (⁷), mais sous le voile de l'anonyme, celles des Philippiques de Démosthène et des Catilinaires de Cicéron. Ces deux dernières traductions n'étaient connues que de ses plus intimes amis. Ce fut donc à celle de la Nature des Dieux qu'il fut redevable de l'honorable préférence que lui donna l'Académie française. Toujours occupée du perfectionnement de la langue, objet principal de son institution, elle avait été frappée de la pureté, de l'élégance et de la correction continues du style de d'Olivet; elle jugea que son esprit juste et méthodique, joint au goût le plus pur, formé par la lecture habituelle des chefs-d'œuvre de l'antiquité, et à la connaissance approfondie qu'il avait acquise des principes fondamentaux de notre langue, le désignait suffisamment à ses suffrages, et qu'il n'existait aucun littérateur dont les lumières lui fussent plus utiles.

En effet, son admission était d'autant plus importante pour l'Académie, qu'elle travaillait alors à la révision de son Dictionnaire, et en préparait l'édition qui parut en 1740. Mais cette nomenclature ne remplissait pas le but qu'elle se proposait, de donner de la langue une connaissance complète et raisonnée. En effet, on trouve bien dans un dictionnaire les différentes acceptions d'un mot; les circonstances où l'on peut en faire usage y sont à-peu-près indiquées : mais les règles grammaticales, les difficultés du langage n'y peuvent être ni exposées ni résolues. L'Académie arrêta donc que quelques-uns de ses membres travailleraient simultanément à un code grammatical, où l'enseignement serait dépouillé de toutes ces difficultés dont les anciennes grammaires étaient hérissées, où les principes seraient exposés avec cette clarté, cette simplicité qui en rendent l'intelligence prompte et facile, et les gravent sans peine dans la mémoire. Considérant que le *jeu de notre langue,* suivant les expressions de d'Olivet lui-même, *se renferme dans trois sortes de mots : les uns qui se dé-*

clinent, d'autres qui se conjuguent, et d'autres enfin qui ne se déclinent ni ne se conjuguent, elle partagea ces trois espèces de mots entre les abbés Gédoyn, de Rothelin et d'Olivet, dont le travail devait être soumis à l'examen de la compagnie. Les deux premiers ne s'acquittèrent point de la tâche qu'ils avaient consenti à s'imposer; d'Olivet seul paya son tribut par ses *Essais de Grammaire* [8].

Les *Essais de Grammaire* comprennent les quatre espèces de mots déclinables de la langue, le Nom, l'Article, le Pronom et le Participe.

A chacune de ces espèces de mots, l'abbé d'Olivet consacre un chapitre spécial, où il embrasse, avec autant de lucidité que de méthode, toutes les circonstances où l'on peut les employer. Des définitions courtes et précises donnent une idée complète de chacune d'elles : aussi ont-elles été adoptées de tous les grammairiens qui lui ont succédé. Si quelques changements ont eu lieu dans l'ordre ou dans la distinction des espèces, que l'on ne divise plus en trois comme il l'a fait, mais en deux seulement, variable et invariable, ou dans la différence reconnue entre le substantif et l'adjectif qu'il a réunis sous la dénomination générale de noms, ces changements n'ont altéré en rien les principes qu'il a établis. La partie philosophique du langage, par laquelle nous remontons à la source de nos idées, et qui nous apprend comment elles se forment, n'a point échappé à son attention, mais il y est toujours resté accessible aux plus simples intelligences; aussi doit-on regretter qu'il ne se soit pas chargé des parties que ses confrères s'étaient engagés à traiter; nous lui devrions une grammaire complète que ses successeurs auraient pu simplifier et perfectionner, mais qui eût été la base nécessaire de leurs travaux.

Une idée de Boileau, dans l'intimité duquel il avait vécu pendant plusieurs années, et dont il avait adopté toutes les doctrines littéraires, lui inspira une autre production grammaticale où il déploya une incontestable supériorité, soit comme grammairien, soit comme critique. L'auteur de l'Art Poétique avait exprimé le vœu que la France pût avoir ses auteurs classiques aussi bien que l'Italie, et que, pour cela, nous eussions un certain nombre de livres déclarés par l'Académie, seul tribunal qui lui parût vraiment compétent, exempts de fautes, quant au style. Cette idée sembla à d'Olivet aussi solide qu'importante dans ses résultats, mais il ne l'adopta pas tout entière. Boileau voulait que l'on choisît des traductions qui offraient à ses yeux l'avantage d'assurer en France le goût du beau et du vrai, en répandant la connaissance des chefs-d'œuvre de l'antiquité. D'Olivet leur préféra des originaux français, dont le mérite fût avoué de tout le monde; et cette préférence, il la fonda avec raison sur ce que nous possédons des auteurs qui, pénétrés de la manière des anciens, et fidèles imitateurs de leurs beautés, peuvent comme eux servir de modèles et pour bien penser et pour bien écrire. Ce fut un poëte plutôt qu'un prosateur, qu'il choisit pour texte de ses observations; dans notre langue, les différences qui distinguent la prose de la poésie ne sont pas grammaticales pour la plupart : la sécheresse des remarques corrigée par le charme des vers; enfin, dans Racine et dans Boileau, il y a moins à reprendre que dans nos ouvrages de prose les plus estimés.

C'était certainement un travail utile aux lettres, de rechercher dans le plus parfait et le plus correct de nos poëtes les rares passages où il avait pu, par des négligences ou des incorrections, dues quelquefois à la nécessité de renfermer sa pensée dans un nombre déterminé de syllabes, payer tribut à la faiblesse humaine, à laquelle il est interdit d'atteindre à une perfection absolue. Mais d'Olivet avait un redoutable écueil à éviter ; de tous nos écrivains, Racine est celui peut-être auquel la langue a dû le plus d'expressions, de tournures, d'alliances de mots nouvelles et pour ainsi dire créées : ces expressions, ces tournures, ces alliances de mots pouvaient être autant d'incorrections ou de hardiesses blâmables aux yeux d'un grammairien connu pour son attachement à toute la rigidité des règles, et considéré comme peu familiarisé avec la langue poétique ; il était à craindre que, par respect pour ces règles, il ne proscrivît des beautés réelles produites par l'imagination plutôt que par le raisonnement, naturellement froid. C'était mal connaître le critique qui *ne voudrait pas* (remarque 29) *qu'un poëte écoutât les remontrances de la grammaire, dans les précieux moments où sa verve le favorise;* qui, tout en mettant la pureté du style au premier rang des devoirs et des qualités d'un poëte, veut voir en lui *toujours de belles et grandes idées, toujours vérité et variété dans les images, hardiesse ou plutôt audace dans les figures, propriété, naïveté, noblesse, énergie dans la diction, vivacité, nouveauté dans les tours, conti-*

nuité d'harmonie (remarque 54); auquel *Racine paraît incomparable dans le lyrique ; qui reconnaît dans
Quinault un homme rare*, mais qui déclare que *Racine est plus poëte que lui ;* qui admire enfin, dans
l'auteur qu'il a pris pour texte de ses observations,
*une diction précise et serrée, de là douceur, mais
avec de l'énergie; des figures variées, de riches et
nobles images* (remarque 62).

Aussi les cent observations que lui fournit le théâtre de Racine sont-elles, à très-peu d'exceptions
près, remarquables par leur justesse ; les expressions
vieillies, les négligences, les incorrections, les équi-
voques, les ineuphonies, les rimes insuffisantes, tous
ces défauts y sont relevés tour à tour avec autant de
vérité que de mesure; les hardiesses qui enrichissent
la langue y sont appréciées et présentées comme des
conquêtes glorieuses pour leur auteur; une foule de
difficultés du langage y sont examinées et résolues ; et
lors-même qu'il se trompe, ce qui était inévitable ([9]),
ce n'est jamais à la solidité de ses raisonnements,
mais à une trop sévère application des règles qu'il
faut s'en prendre; jamais pourtant il ne se montre
étranger au sentiment des beautés poétiques, qu'il
fait ressortir dans tout leur éclat. D'Olivet, comme
on le croyait à tort, n'était pas exclusivement grammairien : dans sa jeunesse, il avait passionnément
aimé la poésie, et s'y était exercé avec ardeur; mais
quand l'âge eut mûri ses pensées, pénétré de la
maxime de notre code poétique, qui, quoi qu'en dise
un critique de nos jours ([10]), n'est pas encore abrogé,
de la maxime, dis-je, qu'il n'est en ce genre point
de degré du médiocre au pire, et ne se croyant pas

né pour s'élever au premier rang, il avait condamné tous ses vers au feu, *emendaturis ignibus*, comme il l'a dit lui-même.

La bonne foi qui éclate dans ses *Remarques sur Racine*, le respect, l'admiration qu'il ne cesse d'y professer pour ce grand poëte, n'imposèrent pourtant pas silence à un critique plus fameux que célèbre, qui, croyant trouver dans cette publication une occasion de faire du bruit aux dépens de la justice et de la vérité, dont il ne se souciait guère, l'attaqua dans une brochure intitulée *Racine vengé* ([11]). Il osa même, sans en avoir obtenu l'agrément, la dédier à l'Académie française, qui rejeta cet étrange hommage. D'Olivet, que ce rejet justifiait avec éclat, eut la sagesse de ne point répondre à son adversaire, dont les attaques ne tardèrent pas à être complétement oubliées.

D'Olivet donna la preuve de ce sentiment des beautés poétiques dont il était animé, et de ce qui en est la base essentielle, l'harmonie, dans l'ouvrage qui est son plus beau titre de gloire, la PROSODIE FRANÇAISE, *ouvrage*, dit Voltaire, *qui subsistera autant que la langue française qu'il venge des injustes reproches qu'osaient lui adresser des écrivains peu exercés dans l'art de la manier, et qui devrait,* dit J.-J. Rousseau, *être consulté par tous les musiciens français* ([12]).

Le temps était passé où la langue française, sous la plume des Racine, des Boileau, des Sévigné, des Bossuet, avait acquis tant de force, de grâce et d'harmonie; où, pour rivaliser avec tous les genres de gloire qui imprimaient à l'Europe et tant de ter-

reur et tant d'admiration, notre littérature enfantait
ces chefs-d'œuvre brillants par le goût, par un naturel aimable et facile, par la grandeur, l'élégance et
une éminente pureté de style. Au siècle du génie
avait succédé celui de l'esprit ; aux pensées larges et
profondes, des idées qui n'embrassaient qu'un horizon
rétréci ; la nature semblait s'être fatiguée de produire
du grand. Pénétrés de la difficulté ou plutôt de l'im-
possibilité d'égaler leurs prédécesseurs en suivant la
route qu'ils avaient si glorieusement parcourue, les
écrivains du siècle naissant avaient cherché des succès dans une marche nouvelle, dont leur inexpérience
ignorait les écueils. D'autres doctrines littéraires,
appuyées par des écrits où elles recevaient leur application, tentèrent de se substituer à celles qui
avaient dirigé les écrivains du grand siècle : la lutte
contre les anciens, si malheureusement soutenue par
Perrault, avait été reprise par Fontenelle ; puis par
Houdar de La Motte, qui, se livrant aux écarts d'une
imagination que la raison ne réglait pas toujours,
se mit à accumuler paradoxes sur paradoxes. Accorder
la prééminence aux modernes sur les anciens, eût
été funeste aux progrès de la littérature ; mais du
moins cette opinion, dont le succès aurait fait aban-
donner ou négliger les vrais modèles du beau, ne
mettait point en péril les progrès qu'avait faits la
langue française. Mais La Motte ne s'arrêta pas là ;
il avança et soutint audacieusement que l'harmonie
dans le discours était une chimère. Ce paradoxe si
favorable à la médiocrité, et si extraordinaire dans
un écrivain que recommandaient des succès dans les
genres où se sont immortalisés Racine, La Fontaine

et J.-B. Rousseau, aurait, s'il avait réuni un grand nombre de partisans, porté un coup mortel, non seulement à la poésie, mais à la langue française elle-même, qui avait depuis si peu de temps dépouillé sa rudesse primitive. La Motte était mort, mais il avait joui dans le monde littéraire d'une certaine influence; il avait laissé des disciples attachés à ses doctrines, et zélés pour les répandre; à leur tête se distinguait Fontenelle, qui, dans l'éloge de son ami, prononcé au sein même de l'Académie en 1732, avait soutenu ses systèmes et les avait fortifiés de toute l'autorité que lui assuraient son grand âge et ses longs travaux. Attaquer des hommes entourés de la faveur du public était un acte de courage; c'était s'exposer au ridicule, dont on se relève difficilement en France : mais il était urgent de porter remède au mal, de faire entendre la voix du bon sens et de la raison, et de prouver que notre langue, quoiqu'elle n'ait pas dans la valeur prosodique de ses syllabes une précision aussi marquée que le grec et le latin, est bien loin d'être dépourvue de cette harmonie, si sensible d'ailleurs dans les ouvrages de nos bons écrivains.

Quoique tombée en désuétude à cette époque où l'on croyait peu au besoin de la savoir, et où ses différences avec celle des langues anciennes la faisaient regarder comme nulle, même par des hommes profondément instruits, la Prosodie n'était cependant pas inconnue en France. Au XVIe siècle, Ronsard, cet homme beaucoup trop vanté de son temps, trop dédaigné peut-être ensuite, mais dont il faut reconnaître que le génie, bien qu'il fût dépourvu de goût, était éminemment poétique , Ronsard avait essayé de calquer le rhythme de la poésie française sur celui des Grecs et des Romains. Il avait trouvé beaucoup d'imitateurs ; Jodelle, Baïf, Desportes, Sainte-Marthe et une foule d'autres avaient regardé cette innovation comme une conquête , et composé des vers mesurés. Cette tentative devait être infructueuse : aussi ne survécut-elle pas à ses auteurs ; mais elle prouve qu'alors on distinguait généralement dans notre langue des syllabes longues et brèves.

C'est le mélange des unes et des autres , habilement combiné, qui produit l'harmonie ; et prouver qu'il existe et qu'il doit être employé, c'était démontrer la fausseté de l'assertion de La Motte : mais pour éclaircir une aussi importante question , il fallait procéder d'une manière graduelle et raisonnée ; il fallait commencer par une définition générale où la clarté se réunît à la concision, en marquer les différentes parties, et formuler enfin un petit nombre de règles susceptibles de peu d'exceptions et applicables dans toutes les circonstances.

C'est ce qu'a fait d'Olivet ; il commence par définir la prosodie la manière de prononcer chaque syllabe régulièrement ; puis il lui reconnaît trois propriétés : l'accent, qui marque l'élévation ou l'abaissement de la voix dans la prononciation; l'aspiration, qui consiste à prononcer de la gorge, en sorte que la prononciation soit fortement marquée; enfin la quantité, qui indique le plus ou moins de temps employé à prononcer une syllabe.

Ces principes une fois établis, toutes les syllabes étant divisées, comme chez les anciens, en longues, brèves et douteuses, il parcourt toutes nos différentes terminaisons, en insistant particulièrement sur les pénultièmes syllabes qui, dans notre langue surtout où il y a beaucoup de finales muettes, sont toujours saisies avec avidité par l'oreille. De cet examen il déduit onze règles, où, sauf un très-petit nombre d'exceptions, sont comprises toutes les syllabes de la langue, et dont l'observation est d'une si haute importance, que d'elle seule dépend souvent le sens que l'on doit donner aux mots. Ainsi, dans la langue française comme dans toutes les autres, il existe deux éléments sur lesquels elle repose tout entière, le son et le sens, qui s'appuient mutuellement et dépendent souvent l'un de l'autre; ainsi, ce n'est pas à l'harmonie seule que ces règles sont nécessaires : elles sont inhérentes à la nature même de la langue, elles contribuent à cette clarté qui en a fait la langue universelle de toutes les nations civilisées. Qu'on la prive de cette harmonie qui s'unit en elle à cette autre qualité si éminente et si précieuse, elle deviendra nécessairement inférieure à ces idiomes méridionaux dont la mélodie fait le principal mérite; elle descendra du rang où elle est montée, et retombera dans cette barbarie, résultat du mélange violent des populations que la guerre avait répandues sur son vaste territoire, et dont plusieurs siècles à peine ont pu effacer la trace. Quel immense service n'a donc pas rendu d'Olivet à notre langue, en établissant aussi solidement les titres qui lui assurent la prééminence dont elle jouit!

Ce n'est pas cependant qu'on ne puisse lui reprocher quelques erreurs, non dans l'énonciation de ces règles, mais dans quelques cas particuliers de leur application. Quoiqu'il eût depuis sa jeunesse habité la capitale, il n'avait pu échapper à la loi, bien plus générale de son temps qu'aujourd'hui, qui imprime au langage d'un homme cet accent particulier à sa terre natale. A la vérité, il établit une judicieuse distinction entre l'accent et la quantité ; mais il arrive bien souvent que l'un réagit sur l'autre : une syllabe prononcée brève à Paris est longue dans telle ou telle province, et réciproquement ; aussi, sous ce rapport, a-t-on remarqué qu'il s'est trompé dans quelques circonstances, bien rares sans doute, mais qu'une critique impartiale et équitable ne doit pas passer sous silence.

A ce bel ouvrage peut se joindre une des six lettres qu'il adressa à son illustre ami, le président Bouhier. La Motte avait prétendu que la poésie peut et même devrait se passer du vers ; que nos vers français peuvent et même devraient se passer de la rime. Il avait ensuite essayé d'unir l'exemple au précepte, en publiant des odes et une tragédie d'OEdipe en prose, qui n'eurent aucun succès.

Déjà un des amis de l'abbé d'Olivet, l'abbé Fraguier, avait combattu ce paradoxe par une dissertation insérée dans le tome VI des Mémoires de l'académie des Inscriptions. Au mois de février 1737, cette doctrine fut soutenue de nouveau dans le Journal des Savants et dans le Pour et Contre (¹⁵).

Le zèle de d'Olivet s'émeut aussitôt, et dans sa lettre datée du 4 mars suivant, unissant la justesse du raisonnement à la force des preuves, il combat une à une et réfute victorieusement toutes les assertions des novateurs. Établissant d'abord la nature et le but de toute poésie, il prouve que l'harmonie lui est indispensable, il démontre que cette harmonie résulte de l'arrangement des mots et de la mesure des syllabes; la prose ne pourrait, quelle que fût sa perfection, produire le même effet, par la raison que les vers sont à la prose ce qu'est le chant à la manière ordinaire de parler. La nécessité de la rime l'occupe ensuite; loin d'être, comme on l'en accuse, pernicieuse et inutile, c'est à elle que nos grands poëtes doivent une foule de leurs beautés, c'est à ses retours périodiques que l'on est redevable de cette mélodie qui a fait donner à la poésie le titre mérité de musique parlée.

Après avoir renoncé à la Poésie française, comme nous l'avons dit plus haut, d'Olivet, tout en s'occupant de travaux d'érudition, s'était exercé dans l'éloquence de la chaire, où il a obtenu des succès dont il était digne sans doute, mais dont nous ne pouvons être juges, puisqu'il n'a pas cru devoir conserver ce qu'il avait composé dans ce genre. Mais il dut se livrer à une autre espèce d'éloquence, et ce qui nous reste de lui nous permet de l'apprécier comme orateur. En sa qualité de membre de la première société littéraire de la France, il fut appelé plusieurs fois à y prendre la parole, soit au moment où il vint y siéger pour la première fois, soit comme directeur et organe de la compagnie entière. Le recueil de l'académie contient trois discours qu'il prononça dans ces occasions solennelles. Des tours élégants, un style fleuri et souvent élevé, distinguent son discours de réception , plus remarquable encore par la guerre qu'il déclare énergiquement au mauvais goût, dont il craignait d'autant plus l'invasion dans notre littérature, qu'il le voyait s'introduire dans les ouvrages mêmes de quelques-uns de ses nouveaux confrères, mais qui, dit-il, devait trouver dans l'Académie française une barrière insurmontable. Le tableau qu'il y trace de la littérature latine à son déclin , est de nature à faire naître de sérieuses réflexions; n'était-il encore qu'observateur, ou prévoyait-il, d'après ce dont il était témoin, qu'il arriverait un temps où, dans des auteurs accueillis par la faveur publique , on trouverait ces *métaphores énigmatiques , ces an-tithèses forcées , ces tours sauvages, ces mots fabriqués ou alliés témérairement,* le mélange *de la prose* avec le feu *de la poésie,* cette *poésie* enfin *assujettie au flegme de la prose,* défauts qui le choquaient si vivement dans Sénèque, Lucain et leurs imitateurs (14).

Il lui était réservé de donner à l'Académie le spectacle touchant de l'affection mutuelle qui unissait un maître habile et révéré et un élève reconnaissant. Directeur de la compagnie, ce fut lui qui, en cette qualité, y reçut Voltaire. Cette occasion était trop belle pour que l'illustre récipiendaire, dont les nombreux écrits faisaient déjà l'admiration de l'Europe, ne s'empressât pas de la saisir, afin d'offrir au savant professeur qui lui avait témoigné tant d'intérêt dans sa jeunesse, le témoignage de la gratitude qu'il en avait conservée. « Il a aujourd'hui, à la fois, un ami » à regretter et à célébrer (15), un ami à recevoir et à » encourager. » Combien ne les honoraient pas tous

les deux ces mots si vrais et si simples, cet hommage
si délicat et si pur ! La réponse de d'Olivet ne fut
point au dessous des paroles du grand poëte qui semblait ainsi déposer ses lauriers devant lui, et solliciter
ses conseils. Son style semble se revêtir de tout
l'éclat de la poésie en parlant de Voltaire, s'échauffer
de tout le feu du sentiment en parlant de Bouhier.
« Qui ne sait, Monsieur, dit-il à Voltaire, que l'é-
» tendue de votre réputation a égalé celle de vos
» talents ? Quel est aujourd'hui le pays où il se trouve,
» ne disons pas des savants et des curieux, mais quel-
» que sorte d'humanité, quelque ombre de politesse,
» où votre nom n'ait pas pénétré ? Les plus célèbres
» académies de l'Europe n'en ont-elles pas orné leurs
» fastes ? »

C'est aux académies, c'est à ceux de leurs membres
qu'a éclairés une longue expérience, qu'il appartient
de guider dans les premiers pas de leur carrière les
jeunes courtisans des muses. L'abbé d'Olivet remplit
ce devoir dans un discours aussi fortement pensé
qu'élégamment écrit, où il donne aux jeunes orateurs
des conseils (16) qui, aujourd'hui peut-être plus
qu'alors, quoiqu'un siècle entier se soit écoulé, sont
frappants d'à-propos et de vérité. Il leur recommande
le naturel, la simplicité, la noblesse dans l'expression,
mais par-dessus tout cette clarté, qualité première
qu'aucune autre ne peut remplacer ; il leur signale
le danger de l'enflure où peut faire tomber la crainte
de la trivialité ; puis après leur avoir montré et les
beautés dont ils doivent s'enrichir et les écueils qu'ils
doivent éviter, il leur indique dans l'antiquité la
source féconde où ils doivent puiser et les exemples

et les préceptes; c'est dans ces écrivains, que le tor-
rent des âges n'a pu entraîner dans son cours, que
brillent toutes ces qualités qui font vivre les productions de l'esprit et les transmettent à la postérité.

C'était une inébranlable conviction qui lui dictait
ce langage, qu'on ne saurait trop souvent faire entendre aux jeunes auteurs. Naturellement ils sont
disposés à confondre les beautés réelles avec ces
brillants défauts que produit une imagination bouillante dont une raison calme ne règle pas encore
les mouvements désordonnés. Les anciens étaient
l'objet de son culte; mais parmi ces poëtes, ces historiens, ces orateurs, ces philosophes qu'il recom-
mandait avec tant de sollicitude, le premier à ses
yeux, son auteur chéri, était Cicéron : cette gloire de
l'antique Rome lui paraissait à juste titre le modèle
de cette éloquence touchante et persuasive qui frappe
droit au cœur, et la lecture assidue de ses immortels
ouvrages l'avait pénétré pour leur auteur d'une admiration poussée jusqu'à l'enthousiasme. « L'enthou-
» siasme, même dans un traducteur, a dit un nouvel
» interprète de Cicéron ([17]), ne saurait être stérile; »
les beautés sont plus vivement senties; ce n'est pas
seulement le devoir, c'est le besoin de les reproduire
avec tout leur éctat, toutes leurs nuances, les plus
frappantes comme les plus délicates, qui animent le
traducteur; il veut faire partager son admiration
pour son modèle; il lutte avec lui, il le saisit corps
à corps, et quelquefois ainsi il parvient à l'égaler.
Telles étaient les dispositions de d'Olivet, lorsqu'il
entreprit ses traductions; mécontent de toutes celles
qui avaient paru jusqu'alors, il pensa qu'il était non

seulement possible de les surpasser, mais qu'un tel travail, en enrichissant notre langue de beautés nouvelles, contribuerait à la perfectionner et à l'embellir. Ce n'est pas qu'il s'en dissimulât toutes les difficultés, mais il se crut, avec raison, capable de les vaincre [18]. Le système de traduction qui prévalait à cette époque, ne consistait pas à s'astreindre scrupuleusement aux expressions et à la marche du texte, à suivre pas à pas tous les mouvements de l'original; le traducteur jouissait d'une certaine liberté; il pouvait arranger même le texte à sa manière, afin de donner un air de nouveauté à ces antiques productions, si étrangères souvent à notre goût comme à nos idées modernes. Aujourd'hui, ce système est abandonné; ce que l'on demande à un traducteur, c'est de reproduire fidèlement son original, avec ses qualités comme avec ses défauts, de le montrer tel qu'il est, et non tel qu'il serait s'il était notre contemporain.

Cette observation préliminaire nous paraît indispensable pour juger sainement des traductions de d'Olivet; il a suivi les idées de son temps, qu'il partageait sans doute, et il serait souverainement injuste d'apprécier ses travaux d'après les idées du nôtre, et d'atténuer ainsi la gloire qu'il en a recueillie [19].

Les *Catilinaires de Cicéron* et les *Philippiques de Démosthène* furent les premiers ouvrages auxquels il consacra ses veilles; publiées d'abord à la suite des œuvres posthumes de Maucroix, sous le voile de l'anonyme, elles reparurent en 1727 avouées par l'auteur, mais revues avec tant de sévérité, ayant subi de si grands changements, qu'elles lui furent un

moment contestées. Peut-être d'Olivet n'avait-il pas
assez considéré la nature de son talent en s'efforçant
de rendre dans notre langue ces chefs-d'œuvre d'une
impétueuse et bouillante éloquence; son esprit, grave
et mesuré, s'accordait peu avec ces élans passionnés,
ces formes vives et rapides qui distinguent, surtout
dans ces discours dictés par une patriotique indi-
gnation, les deux plus grands orateurs de l'antiquité.
Sa traduction est correcte et ne manque pas de fidé-
lité, mais on y cherche en vain le feu des originaux.
Il obtint un succès aussi complet qu'il pouvait le
désirer, lorsqu'il mit au jour celle des *Entretiens sur
la Nature des Dieux :* le langage philosophique,
généralement simple et calme, se rapprochait davantage de son esprit naturel ; il était éminemment
propre à reproduire, avec toutes leurs qualités de
style, ces pensées profondes et justes, ces raisonnements lumineux, dont l'enchaînement habile satisfait
l'esprit tout en s'adressant au cœur, et qui, expri-
més avec autant de facilité que d'élégance, unissent
toujours l'instruction à l'agrément. Le même jugement peut s'appliquer à la traduction des *Tusculanes,*
qu'il fit en société avec le président Bouhier; aussi
toutes deux furent-elles reçues avec applaudissements,
et l'on a vu que ce fut à la première qu'il dut, sans
l'avoir sollicitée, son admission à l'Académie française.
Le temps n'a point affaibli le mérite qu'on avait reconnu à ces deux traductions au moment de leur
apparition; il y a peu d'années qu'un de nos plus
savants professeurs, M. Leclerc, publiant une traduction complète des OEuvres de Cicéron, n'hésita
point à les admettre dans sa collection : les Catilinaires seules n'y furent point comprises.

La connaissance qu'il avait acquise des nombreux écrits de l'orateur Romain, qui pourrait, à raison de leur variété, être appelé la tête encyclopédique de l'ancienne Rome, lui inspira la pensée d'en extraire les maximes et les passages les plus capables de porter la jeunesse à la vertu et de l'instruire de ses devoirs. Il n'en fit point un recueil comme il en existe trop de ce genre, aride, sec, sans liaison ; les questions les plus importantes au bonheur de l'homme y sont examinées avec des développements qui en rendent la lecture utile et intéressante. Dans ce volume, qu'il intitula *Pensées de Cicéron,* le génie de ce grand homme se retrouve tout entier ; nous y voyons briller tour à tour l'orateur, le philosophe, le moraliste, et il n'est peut-être aucun livre plus propre à être mis dans les mains de la jeunesse pour lui former l'esprit et le cœur (²⁰).

Ces importants travaux avaient répandu au loin sa réputation, et le nom de d'Olivet commençait à s'unir à celui de Cicéron. Le ministère anglais avait résolu de publier, sous les auspices du duc de Cumberland, à qui elle devait être dédiée, une édition complète, accompagnée de commentaires, de ces beaux ouvrages qui, malgré leur étendue, ont en grande partie traversé dix-huit siècles. L'Angleterre possédait alors plusieurs philologues célèbres ; l'Allemagne, cette terre classique de l'érudition, en comptait un plus grand nombre encore : d'Olivet leur fut préféré pour exécuter cette grande entreprise. De brillantes propositions lui furent faites ; mais par un sentiment de patriotisme aussi louable que désintéressé, il aima mieux être utile à son pays, où

pourtant les avantages qu'il pouvait attendre de
l'étranger ne lui étaient point offerts. Vivant dans
l'intimité du cardinal de Fleury, il lui communiqua
les lettres qu'il avait reçues d'Angleterre, et lui proposa de consacrer son travail à l'éducation du Dau-
phin. Cette proposition fut accueillie comme elle
devait l'être.

Après avoir, à force de recherches et de soins,
rassemblé tous les matériaux nécessaires à l'érection
de ce beau monument, d'Olivet se mit à l'œuvre.
Dans une préface latine, écrite avec autant de pureté que de goût, il apprécia les travaux de ses de-
vanciers avec justice et impartialité ; un nouvel ordre
fut donné aux productions si diverses de l'orateur
romain ; les ouvrages de rhétorique furent placés en
tête de la collection, et suivis de ceux de philosophie,
de morale et de politique, afin d'initier le lecteur
aux doctrines oratoires et philosophiques de l'écrivain,
et de le préparer à l'étude des discours ou plaidoyers,
où ces doctrines reçoivent leur application. Les difficultés du texte furent éclaircies dans des notes
nombreuses qu'il crut, peut-être à tort, devoir re-
jeter à la fin des volumes, au lieu de les placer au
bas des pages, dont le texte aurait occupé la tête ;
mais cette disposition, qui en eût rendu l'étude bien
plus facile, lui parut s'opposer à la beauté du coup
d'œil et de l'impression. Comparant toutes les éditions antérieures et tous les manuscrits qu'il put
consulter, discutant avec sagacité les différentes
leçons qu'ils lui présentaient, il parvint à donner un
texte d'une extrême pureté et d'une parfaite correction. Aux notes de ses prédécesseurs, qu'il choisit

avec discrétion, mais avec goût, il en ajouta une grande quantité des siennes; mais, à l'imitation de beaucoup de commentateurs, ignorants de l'art de se borner, il ne fit point en quelque sorte disparaître le texte sous la multiplicité des observations, qui trop souvent, sous le prétexte d'en faciliter l'intelligence, produisent l'effet contraire.

Ce beau travail, publié de 1740 à 1742, répandit dans l'Europe entière le nom de d'Olivet. Jusqu'en 1783, il fut reproduit dans cinq éditions successives, à Padoue, à Genève, à Oxford et à Glascow, mais c'est à celle qu'il soigna lui-même que les amateurs donnent la préférence. La récompense qu'il en reçut ne fut guère proportionnée au mérite de son édition et aux peines qu'elle lui avait coûtées; il en avait abandonné tout le produit à ses libraires : une pension de quinze cents livres lui fut accordée sur la cassette du roi ; « elle suffisait à ses désirs, dit d'Alembert; elle n'é- » tait à ses yeux qu'une marque précieuse et chère » de la satisfaction de son souverain. »

Les travaux de d'Olivet, comme éditeur, ne se bornèrent point à son Cicéron : il publia beaucoup d'autres écrits, mais il se contenta d'en corriger les textes, et de les enrichir de préfaces ou de notices biographiques (21). Il en est un auquel nous consacrerons quelques mots, parce qu'il fut l'objet des plus vives attaques de la part des journalistes de Trévoux.

Huet, évêque d'Avranches, fut un des prélats les plus distingués de son temps par ses vertus et par son savoir. A des poésies latines, écrites d'un style élégant et pur, pleines de verve, de chaleur, d'images gracieuses, il joignit des écrits d'un genre

sévère, où il traita les plus importantes questions de
la philosophie. Ami de l'abbé d'Olivet, ce fut à lui
qu'il laissa, en mourant, le soin de publier son
Traité de la faiblesse de l'Esprit humain. Le but de
cet ouvrage est de prouver que la foi seule est in-
faillible, et que la raison n'a d'elle-même nul moyen
de parvenir à la connaissance d'aucune vérité. Tous
les systèmes philosophiques y sont exposés, mais
l'auteur reste dans le doute.

De telles opinions pouvaient être controversées;
aussi, à peine l'ouvrage eut-il paru, que les PP. Ducerceau et Castel prétendirent, dans les mémoires de
Trévoux très-répandus alors, que cet écrit menait
à l'athéisme, qu'il n'était point de l'évêque d'A-
vranches, et que quand même il en serait l'auteur,
un fidèle ami était en droit de le désavouer en son
nom. D'Olivet répondit dans un petit écrit intitulé
Apologie en forme de commentaires, où il soutint que
Huet avait pu se proposer des motifs dignes de lui,
lorsqu'il s'est élevé contre la prétendue force de l'esprit humain. Les jésuites répliquèrent, et afin de les
réduire au silence, d'Olivet montra à l'Académie le
manuscrit original, tout entier de la main de Huet.

Indépendamment de ses ouvrages de Grammaire,
d'Olivet est auteur d'écrits d'un autre genre, tirés
de son propre fonds, et qui méritent d'être comptés
parmi ses titres à la renommée; tels sont l'*Histoire
de l'Académie française*, les *Lettres au Président
Bouhier*, les *Recherches sur la Théologie des Philosophes Grecs*, et l'*Idylle latine sur l'origine des Salines
de Bourgogne*.

L'Académie française avait eu pour premier his-

torien l'éloquent défenseur de Fouquet, Pellisson,
dont l'ouvrage, alors regardé comme un chef-d'œuvre,
ne s'étend pas au-delà des dix-sept premières années
de l'existence de l'Académie. De nombreuses inexac-
titudes déparent cette histoire, qui, rédigée sous la
forme épistolaire, est pleine de digressions intéres-
santes, qu'une forme plus sévère lui aurait inter-
dites. Chargé de la continuer, d'Olivet suppléa les
omissions, rectifia les erreurs; et persuadé avec raison que dans un ouvrage de ce genre, essentiellement
biographique, le style doit être de la plus grande
simplicité, il rejeta tous les ornements, mais il tomba
quelquefois dans le familier. Du reste, à la précision
sans obscurité il réunit l'exactitude; aussi ses notices
ont-elles été consultées et suivies avec confiance par
les biographes qui lui ont succédé. Deux reproches
néanmoins lui furent adressés : le premier, d'avoir
été le censeur de La Bruyère; le jugement qu'il en
porte n'est guère cependant que la répétition de celui
qu'en ont porté les contemporains ([22]). Le genre d'esprit de ce grand observateur de la nature humaine
s'éloignait trop de celui des anciens pour que d'O-
livet pût l'apprécier à sa juste valeur. Le second
reproche, d'avoir fait l'éloge de l'abbé Cotin, n'est
pas plus mérité ([23]); l'abbé Cotin, tant ridiculisé par
Molière et Boileau, qui tous deux avaient eu à s'en
plaindre, était sans doute un mauvais poëte, quoique l'on connaisse de lui quelques vers faciles et
spirituels : mais ses connaissances étaient étendues;
le grec, l'hébreu, le syriaque, lui étaient familiers;
et ses sermons, prononcés pendant seize carêmes de
suite, dans les premières chaires de la capitale, ne

devaient pas être bien méprisables, puisqu'ils attiraient une foule d'auditeurs, peu d'années avant le temps où commencèrent à fleurir Bossuet et Bourdaloue.

D'Olivet ne poussa cette histoire que jusqu'à l'année 1700, ou du moins ne publia rien au-delà, quoiqu'il l'eût continuée jusqu'à 1715. Parmi les raisons qu'il en donne [24], il en est plusieurs que lui suggérait sa modestie, mais il en est une que l'on peut regarder comme décisive et réelle. Le nombre des prélats et des grands seigneurs n'avait fait, depuis 1700, que croître dans l'Académie française, qui croyait s'honorer, ou peut-être aussi se concilier de puissants protecteurs, en admettant parmi ses membres des hommes dont le seul titre était le haut rang qu'ils occupaient dans le monde [25]. *Il n'y a pas de plaisir à parler d'eux*, dit plaisamment l'abbé d'Olivet, *et en outre cela n'est pas sans danger, à cause de leurs familles.*

Les *Six Lettres au Président Bouhier*, qui ne fut pas l'un des hommes les moins recommandables de tous ceux dont la Bourgogne peut s'enorgueillir, offrent une lecture aussi intéressante qu'instructive et variée; nous avons déjà fait connaître la quatrième, où d'Olivet défend la rime avec les armes du bon sens et de la raison; les autres nous offrent de curieux détails sur quelques points de notre histoire littéraire. Dans la première, d'Olivet raconte à son ami son voyage de Bruxelles, où il était allé porter des consolations au malheureux Rousseau, banni de France à la suite de ces couplets satiriques qui causèrent un si grand scandale dans les premières années du XVIIIe siècle, et dont l'auteur est encore incertain. D'Olivet ne croit pas qu'il soient l'ouvrage de Rousseau ; les raisons qu'il en donne , si elles ne sont pas décisives, sont du moins très-fortes ; mais ainsi que Rousseau, il ne croit pas que Saurin , homme du reste peu estimable à ses yeux , les ait composés. La seconde a pour objet l'abbé Genest, de l'Académie française, auteur de quelques tragédies, et entre autres de Pénélope, pièce restée au répertoire du théâtre français ; cette lettre, écrite d'un style simple et facile, contient quelques traits plaisants, racontés avec enjouement ; c'est dans la suivante que d'Olivet détaille les motifs qui l'ont déterminé à s'arrêter à l'année 1700 dans son histoire de l'Académie française ; il prouve dans la cinquième qu'il est faux que les membres de l'Académie exigent des candidats aux places qui viennent à vaquer parmi eux , des visites ou des sollicitations, et expose les usages suivis pour l'élection des nouveaux Académiciens ; dans la dernière enfin , il peint avec autant de sel que de vérité cet abbé Desfontaines, qui rendit sans doute quelques services aux lettres, en combattant de mauvais écrivains et des opinions dangereuses, mais qui souvent jugea les personnes plutôt que leurs écrits, au gré de ses ressentiments ou des avantages pécuniaires qu'il en attendait.

Les *Remarques sur la Théologie des Philosophes Grecs* ([26]), qui accompagnent sa traduction du premier livre de la Nature des Dieux, sont un exposé fidèle des idées que ces philosophes ont eues de la Divinité, idées qui ne paraissent à d'Olivet qu'un athéisme formel ou déguisé. En effet, aucun d'eux ne reconnaît à la Divinité ses qualités essentielles ;

plusieurs lui en attribuent d'incompatibles avec celles qu'elle a nécessairement : c'était pour Épicure une nature inanimée ; pour les Stoïciens, un principe intelligent, quoique matériel ; pour Anaxagore et Platon, un être infini qui a formé l'univers, mais qui ne l'a pas créé.

En rappelant ainsi les erreurs de l'ancienne Philosophie, l'intention de d'Olivet était d'attaquer cette Philosophie moderne, qui, sur les pas de Bayle, commençait alors l'œuvre de scepticisme à laquelle concoururent tant d'écrivains du dernier siècle. Aussi trouva-t-il dans l'un d'eux, le marquis d'Argens, un adversaire qui essaya de le réfuter ([27]) ; mais plusieurs motifs, que nous ne détaillerons pas ici, le décidèrent à laisser cette attaque sans réponse.

Quoiqu'il eût renoncé à la culture de la poésie française, d'Olivet n'avait pas abandonné la poésie elle-même ; et cédant au goût assez répandu de son temps, et dont plusieurs de ses amis lui donnaient l'exemple ([28]), il avait composé des vers latins. Depuis sa jeunesse il avait quitté sa ville natale ; mais l'amour de ces montagnes où il avait reçu le jour ne s'était point affaibli dans son cœur, et ce fut dans une Idylle ou Eglogue latine, à l'imitation d'Ovide, et intitulée *Origine des salines de Bourgogne*, qu'il exprima ce sentiment si naturel et si doux. Les amis des muses latines y ont loué l'élégance, l'enjouement et la délicatesse, un style facile et pur, et une harmonie continue, qui décèle un poëte nourri de la lecture et de l'étude d'Horace, de Virgile et d'Ovide. Elle brille d'une imagination riante, qu'on n'aurait pas cru devoir attendre d'un grammairien consommé,

d'un philosophe austère et grave; l'amour des lieux
où il forma ses premiers pas a inspiré son génie :
comme il se complaît à peindre cette belle rivière,
au cours lent et paisible, au voisinage de laquelle
s'écoula son enfance, ces montagnes qu'il gravissait
avec tant de plaisir! Quel intérêt il répand sur cette
belle Salina, victime des sentiments que ses charmes
ont fait naître! Puis, rembrunissant ses couleurs,
comme il peint la colère enfantine, mais terrible,
de l'Amour, et le courroux enflammé du Dieu des
mers! Avec quelle anxiété nous voyons ce Dieu, le
trident en main, poursuivre la fuite précipitée des
deux amants! Bientôt sa vengeance sera trompée;
déjà ils aperçoivent les lieux désirés où ils trouveront
la sûreté et le bonheur..... et ils sont à jamais séparés,
au moment où ils allaient serrer les nœuds qui les
attachaient indissolublement l'un à l'autre ([29]) !.....

Ces ouvrages n'étaient pas les seuls que d'Olivet
eût composés ; nous en devons regretter qui eussent
sans doute servi à sa gloire, mais que lui-même n'a
pas jugé à propos de nous transmettre : la suite de
l'histoire de l'Académie française jusqu'à 1715, celle
de l'Académie d'Athènes, ses sermons, enfin sa
correspondance ([30]), que ses liaisons avec tous les
hommes les plus éminents que la France possédât
alors devaient rendre si intéressante, et même si utile
à l'histoire littéraire.

Pour compléter cet éloge, il ne nous reste plus qu'à
faire connaître l'homme illustre dont nous venons
d'examiner les écrits, sous les rapports qui lui sont

personnels ; quels furent ceux de ses contemporains les plus renommés dont il acquit et conserva l'amitié ; son caractère, ses qualités, la considération dont il a joui, son influence dans le monde littéraire de son temps.

Partout où ses devoirs et les circonstances l'obligèrent de fixer son séjour, même momentanément, il se trouva aussitôt lié avec les personnages les plus recommandables ; ainsi nous le voyons, à Rome, accueilli avec une extrême bienveillance par le P. Jouvancy ; à Londres, le célèbre Pope lui témoigne la plus haute estime ; à Reims, la vieillesse de Maucroix ne l'empêche point de donner au jeune jésuite le titre flatteur d'ami (51) ; il en est de même de l'infatigable bénédictin Mabillon, dont les recherches sur l'antiquité sacrée et profane ont illustré la mémoire ; à Dijon, l'amour des lettres lui donne dans le président Bouhier, auquel nulle science ne fut étrangère, et dont les nombreux écrits respirent l'érudition la plus vaste et la plus variée, un collaborateur dont l'attachement, pendant plus de quarante ans, ne se démentit et ne s'affaiblit jamais. Dans la même ville, il est recherché et par le P. Oudin (52), humaniste et théologien consommé, poëte latin élégant et facile, chez qui l'étendue des connaissances égalait la fécondité, et par la Monnoye, l'un des savants les plus distingués de son temps, qui cultivait avec éclat la poésie en grec, en latin et en français, et dont les noëls patois, pleins de malice et de naïveté, et publiés sous le pseudonyme de Guy Barozai, n'ont rien perdu de la fraîcheur et de l'agrément qui les rendirent populaires dès l'instant de leur apparition.

Arrivé à Paris , où il se fixe définitivement, il ne tarde point à être admis dans l'intimité de Boileau ([33]), et dans ses fréquents entretiens avec ce grand critique , qu'il se fait un devoir d'écouter avec une respectueuse déférence , il fortifie ce goût du beau et du vrai qui lui était naturel , et cet amour des anciens, auquel nos plus grands écrivains ont dû leur gloire et leurs succès. Bientôt ses relations s'étendent : le cardinal de Fleury apprécie ses talents et le voit avec plaisir; il compte au nombre de ses amis et *l'illustre et malheureux* Rousseau, qui entre avec lui en commerce de lettres ([34]), et Rollin, dont le nom seul est un éloge, et l'abbé Batteux, qui exposa avec clarté les principes de la littérature, et dont les traductions sont encore estimées; et l'évêque d'Avranches, Huet, dont les ouvrages sont remarquables par la science , le goût et le style; et l'abbé Gédoyn, qui le premier nous donna une traduction lisible de Quintilien; et l'abbé Genest, dont nous avons déjà fait connaître les titres littéraires; et l'abbé de Rothelin, que Voltaire a choisi pour son compagnon dans son voyage au temple du Goût; et Boivin, dont les vers grecs, écrits dans le mètre d'Anacréon, ne sont pas indignes de ce poëte par leur délicatesse, leur grâce et leur facilité; et l'abbé Fraguier, philosophe, érudit, poëte latin; enfin le géant littéraire du XVIIIe siècle, Voltaire, dont il avait suivi avec intérêt les premières études, et qui ne cessa jamais de lui témoigner ([35]), en l'appelant son maître, son Cicéron, son Quintilien, l'attachement le plus tendre et le respect le plus profond.

La confiance et l'estime de Frédéric-le-Grand lui-même, qui était si empressé de faire concourir à sa renommée toutes les illustrations littéraires contemporaines, mais surtout celles de la France, furent aussi le partage de d'Olivet; ce fut à lui qu'il s'adressa pour choisir un professeur ([56]) de Grammaire générale à l'École militaire qu'il fondait à Berlin.

De telles amitiés suffiraient à une réputation ordinaire : elles devaient donc assurer à d'Olivet une grande influence dans le monde littéraire, et l'entourer de la considération générale. Aussi, dans les assemblées académiques, où il se distinguait par son assiduité, son exemple entraînait-il souvent celui de ses confrères. Ce n'est pas qu'il ne comptât parmi eux des adversaires; religieux par devoir et par état autant que par conviction, il n'avait pu voir, sans en être justement alarmé, les progrès de l'incrédulité; et quoique resté ami de Voltaire, dont pourtant il était loin d'approuver les écarts, il ménageait peu son parti, qui comptait dans l'Académie un certain nombre de représentants; ceux-ci devaient d'autant plus s'en offenser, que son caractère, plein de douceur et d'aménité dans sa jeunesse, s'était empreint, à mesure qu'il avançait en âge, d'une certaine rudesse et d'une brusque franchise, qui rendaient quelquefois son commerce difficile. Incapable de dissimuler ses pensées, il avait pris un ton satirique et tranchant, dont il ne sut pas assez se préserver dans une circonstance solennelle ([57]); attaqué à plusieurs reprises, il avait répondu à ses adversaires d'une manière mordante, dont la cause qu'il défendait ne pouvait retirer aucun avantage. Mais quel est l'homme dont les défauts plus ou moins condamnables ne contrebalancent pas les bonnes qualités ? Les défauts de d'Olivet étaient bien compensés par des qualités rares et précieuses; il n'était point insensible aux charmes de l'amitié, l'illustre vieillard qui avait conservé tant d'amis pendant une si longue suite d'années, le vénérable académicien qui, un an avant sa mort, disait à ses confrères en leur dédiant le recueil de ses œuvres grammaticales ([38]) : « Ajoutez, retranchez, » corrigez; je prévois que vous aurez souvent à dire : » il s'est trompé; mais dites quelquefois, je vous en » supplie : il nous aimait, il nous respectait. »

Son obligeance ne se lassa jamais; la jeunesse studieuse et peu favorisée de la fortune trouvait en lui un père, un appui ([39]); plusieurs hommes de lettres lui durent de la reconnaissance, et souvent il fut payé d'ingratitude. Sa famille, dont plusieurs membres obtinrent par son crédit des postes honorables, et les personnes qu'il avait jugées dignes de son estime et de son amitié, furent constamment pour lui les objets d'un sincère attachement. Content de son humble fortune, il étonna souvent les dispensateurs des grâces et des emplois, qui le virent toujours solliciter pour ceux qui avaient imploré son appui, et jamais pour lui-même. Quant à ses adversaires, il ne devait pas rougir de leur inimitié. Duclos, sans doute, était un honnête homme, mais il portait dans la société un ton de domination qui dut déplaire à d'Olivet, dont l'âge devait le mettre à l'abri de ses brusqueries ([40]); Piron ne pouvait lui pardonner de s'être opposé, à raison d'une pièce trop fameuse, à son admission à l'Académie française;

l'éloignement des autres n'avait d'autre cause que l'opposition de d'Olivet au parti philosophique.

Ce fut ainsi que, dans la pratique de toutes les vertus, d'Olivet parvint à sa quatre-vingt-septième année : une attaque d'apoplexie l'enleva à ses nombreux amis le 8 octobre 1768.

La langue et la littérature françaises lui doivent beaucoup : en simplifiant la grammaire quant aux mots déclinables, il en facilita l'étude et prépara les progrès que la science a faits après lui sous la plume des Beauzée, des Condillac, des Dumarsais, des Wailly, des Lemare. En commentant Racine, il sema dans ses remarques des observations fines et judicieuses, qui ont aplani une foule de difficultés, et révélé des beautés qui échappent sans peine à un lecteur qu'emporte l'intérêt du sujet ou le charme des vers ; dans sa Prosodie, il a posé la base de l'harmonie de notre langue, en a prouvé l'existence, et prévenu, autant qu'il était en lui, le retour à cette barbarie dont la rouille épaisse a si longtemps pesé sur la France ; dans ses traductions, indépendamment du mérite d'avoir naturalisé parmi nous d'immortels chefs-d'œuvre, il a appliqué toutes les règles de la pureté du langage, que ses théories ont si bien exposées et recommandées.

Cette gloire, il est vrai, est moins éclatante que celle de ces auteurs dont les ouvrages originaux décèlent un génie créateur ou une brillante imagination ; elle ne peut autoriser un panégyriste au déploiement de la pompe qui caractérise ces discours que l'on décore du titre d'oratoires : mais en est-elle moins durable et moins solide ? Non, sans doute ;

l'histoire nous apprend que quand une langue s'altère et décline, le peuple qui la parle penche aussi vers sa ruine : maintenir la pureté d'une langue est donc un éminent service rendu à la nation qui en fait usage, ce qui n'est pas moins glorieux que de charmer son oreille et d'enchanter ses loisirs.

FIN.

NOTES.

(1) M. Degérando, Éloge de Dumarsais, 1805, in-8°, page 3.
« Il me semble, dit cet illustre écrivain, qu'on se méprend quel-
» quefois sur le véritable objet des Éloges Académiques. On paraît
» supposer que la palme est offerte à celui qui a loué davantage, et
» non à celui qui a le mieux loué, c'est-à-dire, qui a le mieux dé-
» fini ce qui est en effet louable. Il suivrait de là que les Académies
» mettent au concours l'exagération et l'enflure, etc. » C'est là, en
général, le défaut des Éloges Académiques, et l'on sait qu'il a été
vivement reproché à Thomas; mais, dans la plupart de ses éloges,
Thomas avait à louer des princes, des hommes d'état, de grands
capitaines, dont les belles actions autorisaient l'emploi de tous les
ornements du style.

(2) Ea (grammatica) verò veluti viatoris locum ergà cæteras scien-
tias obtinet, non nobilem illum quidem, sed inprimis tamen ne-
cessarium; præsertim quum scientiæ, nostris seculis, ex linguis eru-
ditis, non vernaculis, potissimùm hauriantur. (*De augmentis scien-
tiarum, Lib. VI, cap.* 1, § 5).

(3) Sylvius, nom latinisé de Dubois, professeur de médecine, a
laissé une grammaire latine et française (Paris, 1531), qui prouve,
dit M. Weiss, qu'il s'entendait moins en grammaire qu'en médecine.
—Louis Meigret, qui voulut, comme tout récemment M. Marle,
introduire une orthographe entièrement conforme à la prononciation,

et dont Pasquier disait qu'en voulant rendre notre écriture plus lisible, il avait fait qu'on ne pouvait le lire lui-même. Le *Trètté de la Grammère françoèze, par L. Meigret*, la première publiée dans notre langue, eut deux éditions : l'une en 1530, l'autre en 1550. — Joachim du Bellay, poëte français, est auteur de la *Défense et illustration de la Langue françoise* (Paris, 1549), où l'on trouve, dit M. Auger, de l'érudition et une sorte d'éloquence. A ces trois premiers grammairiens peut être ajouté le P. Laurent Chifflet, de Besançon, jésuite, dont l'*Essai d'une parfaite Grammaire de la Langue Françoise* fut publié à Anvers, 1659, in-8°.

(4) Ce fut l'abbé d'Olivet qui la publia en 1754, avec des modifications et changements, sous le titre d'*Opuscules sur la langue française, par divers Académiciens*. Ces Académiciens sont Huet, Dangeau, Choisy, Patru et d'Olivet. Les morceaux qui appartiennent à l'abbé de Dangeau avaient paru successivement entre les années 1693-1720.

(5) Le P. Jouvancy, né à Paris en 1643, était alors septuagénaire. Son Histoire des jésuites, en latin, un volume in-folio, comprend les annales de cette société, depuis 1596 à 1646. Imprimée à Rome en 1710, elle fut prohibée en France. La tâche de d'Olivet embrassait donc près d'un siècle, et, suivant la marche tracée par Jouvancy, n'eût pas rempli moins de 4 volumes in-folio. Il y avait bien de quoi l'effrayer.

(6) Le nom de d'Olivet était celui de sa famille, ancienne à Salins, où il existait au XVIe siècle un notaire de ce nom, dont il reste encore quelques actes. La ville de Salins a donné ce nom à l'une de ses rues, à l'entrée de laquelle se trouvait la maison paternelle de l'Académicien.

(7) François de Maucroix, chanoine de Reims, né à Noyon en 1619, mort en 1708, fut un traducteur infatigable. Il nous a laissé les Homélies de St.-Jean Chrysostome, la Mort du persécuteur, par Lactance, divers traités de Cicéron, plusieurs dialogues de Platon, les Satires et Épîtres d'Horace, etc. Le volume publié par d'Olivet renferme le dialogue des orateurs de Quintilien.

(8) L'ordre chronologique n'a pas été suivi dans l'examen des productions grammaticales de d'Olivet, comme il aurait dû l'être s'il s'était agi d'une notice purement biographique; elles sont rangées d'après leur importance.

(9) Les Commentateurs de Racine, venus après d'Olivet, Laharpe , Geoffroy, Aignan, Aimé Martin; ces deux derniers surtout l'ont quelquefois réfuté avec aigreur, et plus souvent ont copié ou modifié ses remarques sans le nommer. On peut facilement s'en assurer en comparant leur travail à celui de d'Olivet.

(10) M. de Sainte-Beuve, *Critiques et portraits littéraires*, art. Boileau, vers la fin.

(11) Ce critique était l'abbé Desfontaines ; d'Olivet n'a pas laissé ses attaques impunies : il a tracé, dans la sixième de ses lettres au président Bouhier, un portrait de cet abbé, dont celui-ci ne dut pas être flatté, s'il en eut connaissance.

(12) J.-J. Rousseau, Dictionnaire de Musique, art. Accent. A ces suffrages on peut ajouter celui de J.-B. Rousseau : « J'ai reçu, écri-
» vait-il à d'Olivet le 8 mai 1738, votre Traité de la Prosodie ; le
» livre m'a paru extrêmement bon, et d'autant plus utile, que la chose
» qui manque présentement à notre langue est une méthode sûre
» pour apprendre aux étrangers à la bien prononcer, ce qui ne se
» peut que par des observations telles que les vôtres, munies de
» l'autorité d'un corps comme l'Académie. »

(13) Ce journal, que rédigeait l'abbé Prévost, et dont il a paru 20 volumes, est un assemblage d'anecdotes, de traductions, de juge-ments sur la littérature anglaise ; la critique y est toujours impartiale. Voltaire l'a traité d'insipide.

(14) Ce fut à l'occasion de ce discours, qui attira des inimitiés à l'abbé d'Olivet, que J.-B. Rousseau lui écrivait, le 6 novembre 1723 : « Vertubleu, mon cher monsieur, vous n'allez pas de main-
» morte contre les néologues du corps, et on voit bien qu'en de-
» mandant à être leur confrère, vous n'avez pas été leur dupe. Rien de
» plus solide, de mieux tourné que cette pièce; c'est un chef-d'œuvre. »

(15) Le prédécesseur de Voltaire à l'Académie française était le Président Bouhier. Né à Dijon en 1673, et mort dans la même ville en 1746, il fut reçu en 1727, à l'unanimité, membre de l'Académie, quoiqu'il ne résidât pas dans la capitale : mais d'Olivet avait promis en son nom qu'il viendrait s'y fixer, promesse qui ne se réalisa pas. Bouhier était à la fois jurisconsulte, traducteur, poëte, philosophe; il nous reste de lui beaucoup d'ouvrages.

(16) C'est de ce discours, prononcé en 1735, que parle Voltaire, dans ses lettres du 30 novembre de cette année et du 6 janvier 1736. « Je vous prie, mon cher maître en Apollon, dit-il dans la » première, de m'envoyer votre petit antidote contre le style imper- » tinent dont nous sommes inondés. » Et dans la seconde : « Je vous » aime de tout mon cœur de m'avoir envoyé ce petit antidote contre » le poison des Marivaux et consorts. Votre discours est un des bons » préservatifs contre la fausse éloquence qui nous inonde. »

(17) M. J.-V. Leclerc, Préface de la traduction des Tusculanes, tome 24 des œuvres de Cicéron. 1825, 30 volumes in-8°.

(18) « Un traducteur, dit-il dans son histoire de l'Académie, doit être un Protée qui n'ait point de forme immuable, et qui sache prendre tous les caractères de ses originaux ; mais pour cela, outre la souplesse du génie, il faut de la patience, vertu qui manque plus que le génie aux Français, et qui manque surtout aux traducteurs : car tout écrivain ne fait d'efforts qu'à proportion de la gloire qu'il se promet de son ouvrage ; et comme les traducteurs savent que le public n'attache qu'une gloire médiocre à leur travail, aussi sont-ils sujets à ne faire que des efforts médiocres pour y parvenir. »

(19) C'est aussi ce qu'ont fait les nouveaux traducteurs. « L'abbé d'Olivet, dit M. Leclerc, philologue moins instruit que le président Bouhier, a plus d'élégance et de précision dans le style ; s'il n'avait pas voulu, comme le P. Brumoy et d'autres traducteurs de son temps, faire d'un ancien un moderne du dix-hu tième siècle, s'il n'a- vait point çà et là tronqué l'original au point de le rendre mécon- naissable, s'il en avait conservé partout les images et les mouvements, on n'aurait presque rien à changer à ses ouvrages. Malgré les défauts qu'on lui reproche, il ne sera pas facile de le surpasser dans la tra- duction des Tusculanes et de la Nature des Dieux. »

Après avoir exposé le système adopté généralement aujourd'hui dans l'art de traduire, M. Matter, dernier traducteur de la Nature des Dieux, ajoute : « Cette manière de voir, généralement reçue de nos jours, et assez contraire à l'ancien système de traduction, nous a permis d'entreprendre une version nouvelle d'un ouvrage de- puis longtemps traduit par l'élégant d'Olivet. Nous avons consulté sans cesse ce célèbre prédécesseur, mais nous nous sommes toujours crus autorisés à nous séparer de lui quand nous avons pu espérer nous rapprocher davantage de Cicéron. D'Olivet avait d'ailleurs écarté de sa version un grand nombre de phrases, de membres de phrases ; et même de passages ; et un procédé de ce genre était trop arbitraire à nos yeux, pour que nous ne dussions pas nous attacher à la méthode opposée, etc. (Cicéron, de Panckoucke, tome 30).

(20) « Si Marc-Tulle avait écrit en français, mon cher abbé, lui
» dit Voltaire dans sa lettre du 8 mai 1744, il aurait écrit comme
» vous. Il était fort difficile de donner Cicéron par pensées détachées.
» On ne peut pas faire de jolies tabatières d'un grand morceau d'ar-
» chitecture, dans lequel il n'y a point de petits ornements. Cepen-
» dant vous avez trouvé le secret de faire lire par parcelles un homme
» qu'il faut lire tout entier. »

(21) En voici la liste, extraite de la *Biographie universelle*, article D'OLIVET. I. Huetii Carmina, 1709, in-12 ; nouvelle édition, augmentée de pièces inédites et des poésies latines de Fraguier. 1729. II. OEuvres posthumes de Maucroix. 1710, in-12. III. Huetiana. 1722, in-12. IV. Mémoires pour servir à l'histoire de Louis XIV, par l'abbé de Choisy. Utrecht, 1727, 3 vol. in-12. V. Lettres historiques de Pellisson. 1729, 3 vol. in-12. VI. Le Banquet de Platon, trad. par Racine. 1732, in-12. VII. Journal de Henri IV, par l'Estoile. Paris, 1732-1736, 4 vol. in-8°. VIII. Recentiores poetæ latini et græci selecti V. (Huet, Fraguier, Boivin, Massieu, La Monnoye et d'Olivet, dont l'idylle sur les salines y a été insérée). La Haye, 1740, ou Leyde, 1743, in-8°. IX. OEuvres diverses de l'abbé Gédoyn. 1745, in-12. X. Poemata Didascalica. 1749, 3 vol. in-12. XI. Opuscules sur la langue française. 1754, in-12 (voyez note 4). XII. Harduini Prolegomena ad censuram veterum scriptorum. 1766, in-8°. XIII. Recueil d'Opuscules littéraires. Amsterdam, 1767, in-12 (Les six lettres au président Bouhier font partie de ce volume). Voltaire attribue à l'abbé d'Olivet une édition des OEuvres diverses de Lafontaine, 1729, 5 vol. in-12 (voyez *Mélanges littéraires*. Lettre de M. de la Visclède à M. le secrétaire perpétuel de l'Académie de Pau).

(22) Boileau avait dit en parlant de La Bruyère : « C'est un honnête homme à qui il ne manquerait rien si la nature l'avait fait aussi agréable qu'il a envie de l'être. Du reste, il a de l'esprit, du savoir et du mérite. » (Lettre à Racine, du 19 mai 1687).

« Les contemporains de La Bruyère, dit l'auteur de la notice placée en tête de l'édition de ses Caractères, publiée par *Froment*, 2 vol. in-8°, 1829, lui ont reproché avec raison des phrases trop coupées, un style sentencieux, un ton tranchant et dogmatique. Il a des idées fausses, des images forcées; il donne dans une subtilité vicieuse; il fatigue par le changement des matières, le peu d'ordre et le défaut de méthode. »

Le jugement de d'Olivet est loin d'être aussi sévère : « Il ne laisse
» pas, dit-il, de montrer beaucoup d'esprit dans son livre de Ca-
» ractères, et peut-être qu'il en montre trop.... Il a plus d'art que
» Théophraste, et par conséquent moins de ce naturel aimable que
» l'auteur grec..... Il serait un parfait modèle en cette partie de l'art
» (l'usage des métaphores), s'il en avait toujours assez respecté les
» bornes, et si, pour vouloir être trop énergique, il ne sortait pas
» quelquefois du naturel. » (Histoire de l'Académie, Paris, Coignard,
1730, in-12, pages 353, 354).

(23) Après avoir détaillé les motifs de l'inimitié de Boileau et de Molière contre l'abbé Cotin, inimitié qui peut avoir influé sur le jugement qu'ils en ont porté, d'Olivet ajoute : « Mais au fond, et tout
» préjugé à part, était-il un homme si méprisable qu'il méritât d'être
» immolé à la risée publique? Encore une fois, mon dessein n'est
» nullement de le louer. Si pourtant j'étais chargé de faire son
» apologie, il me semble que j'en viendrais à bout sans recourir à l'art
» imposteur de ceux qui ont fait l'éloge de la folie, de la fièvre, de
» Busiris ou de Néron. Je chercherais M. l'abbé Cotin dans ses ou-
» vrages sérieux, dans ce qu'il a écrit sur les principes du monde,
» sur l'immortalité de l'âme, sur le Cantique des cantiques. Je mon-
» trerais, par ces mêmes ouvrages, qu'il était versé dans la Philo-
» sophie et dans la Théologie, qu'il savait du grec, de l'hébreu, du
» syriaque. Je m'appuierais de l'autorité de ceux qui assurent qu'il
» aurait pu dire par cœur Homère et Platon. Je dirais que dans ses
» poésies même, qui sont le plus faible de ses ouvrages, il y a des
» choses très-spirituelles et bien tournées. Je ferais avouer que sa
» prose a je ne sais quoi d'aisé, de naïf et de noble, qui sent son Pa-
» risien élevé avec soin. A l'égard de ses sermons, quoiqu'il n'en reste
» aucune trace, je me contenterais de faire observer qu'il a prêché
» seize carêmes dans les meilleures chaires de Paris, et que vraisem-
« blablement, s'il avait toujours été aussi grêlé que la satire le dit,
» il n'aurait pas eu la constance de pousser si loin une carrière si pé-
» nible. » (*Hist. de l'Acad.*, page 191 et suivantes).

(24) Ces motifs sont que depuis 1700, la forme adoptée par l'Aca-

démie française et par celle des Inscriptions avait fait entrer dans
l'une plusieurs des membres de l'autre, ce qui n'avait pas eu lieu
jusqu'alors. MM. de Fontenelle et de Boze étaient chargés d'écrire
l'histoire de la dernière de ces Académies, « ce qui m'aurait exposé,
» dit d'Olivet, au danger d'entrer en concurrence avec eux. »
(3ᵉ *lettre au Pr. Bouhier*).

(25) Rien de plus fondé que l'observation de d'Olivet. En effet,
depuis 1700 à 1730, époque à laquelle il publia son histoire, on ne
trouve pas moins de dix-sept prélats ou grands seigneurs admis à
l'Académie française sans aucun titre littéraire ; en voici les noms :
le ministre Amelot, les ducs de Laforce et d'Antin, les maréchaux
d'Estrées et de Villars, les cardinaux de Rohan, de Coislin, Dubois,
les archevêques J.-N. Colbert et d'Estrées, les évêques Chamillart,
de Coislin, de Roquette, de Clermont-Tonnerre, les abbés de Lou-
vois, de Clérambault, le président de Mesmes. On en pourrait citer
d'autres encore, et il faut remarquer qu'alors Malebranche, Duguet,
Vertot, Lesage, d'Aguesseau, Regnard, avaient acquis tous leurs
titres à la renommée.

(26) D'Olivet consacre à chacun de ces Philosophes un chapitre
spécial ; mais, comme il le dit en commençant, pour connaître parfaitement leurs systèmes, il faudrait avoir leurs propres ouvrages, et il
ne nous est parvenu que le Timée de Platon, où l'on ne trouve déve-
loppé qu'un sentiment particulier ; aussi ne s'attache-t-il qu'à éclaircir
ce que Cicéron leur fait dire.

(27) L'ouvrage de d'Argens, où est attaqué d'Olivet, est la *Philosophie du bon sens*, 3 vol. in-12.

Les raisons pour lesquelles d'Olivet ne lui répondit pas sont d'abord
la condamnation de ce livre au feu par le parlement de Paris. « Ce
» n'est pas, dit-il ensuite, que j'aie cru la chose impossible, ni même
» difficile ; car les arsenaux où se trouvent les armes qu'il emploie
» contre moi sont ouverts à quiconque sait lire ; et ces armes, qui sont
» des passages grecs et latins, sont de telle nature, que nous pourrions
» nous battre un siècle entier, avant que l'un des deux fût forcé de
» s'avouer vaincu. »

(28) Huet, évêque d'Avranches, le P. Oudin, l'abbé Fraguier,
Boivin, La Monnoye, Rollin, etc.

(29) L'Idylle de d'Olivet n'est guère connue que des amateurs, assez

rares de nos jours, de la poésie latine moderne. Elle mérite pourtant d'être répandue ; indépendamment de la beauté des vers, elle n'est pas sans intérêt pour ses compatriotes ; c'est ce qui nous a décidés à donner ici le texte, avec une traduction, de cette pièce que J.-B. Rousseau apprécia de la manière suivante, dans une lettre à d'Olivet, du 9 juin 1738 : « J'ai reçu hier l'excellent poëme latin dont vous avez
» eu la bonté de me faire présent. Je l'ai trouvé, aussi bien que la
» prose qui l'accompagne, digne d'un siècle que votre goût et vos
» talents vous ont rendu aussi familier que celui où nous vivons. Il
» n'appartenait qu'à vous de faire revivre celui de Cicéron et de
» Virgile, dont la mémoire s'est presque effacée aujourd'hui en
» France. »

(30) Combien n'est-il pas à regretter que cette correspondance soit perdue ! D'Olivet avait certainement répondu aux lettres que lui adressaient Boileau, Voltaire, J.-B. Rousseau, etc. ; et l'on n'a retrouvé aucune de ces réponses. Quels matériaux pour l'histoire ? En place de tout cela, nous n'avons que les lettres de ces écrivains, qui ne nous apprennent aucun fait dont on ne puisse prendre connaissance ailleurs. Ainsi, pour d'Olivet comme pour bien d'autres, sa vie est tout entière dans ses écrits.

(31) Il nous a paru digne de remarque que plusieurs des premiers amis de l'abbé d'Olivet étaient d'un âge double ou même triple du sien, quand il se lia avec eux ; on sait qu'il était né en 1682 : Maucroix était de 1619 ; Mabillon, de 1632 ; La Monnoye, de 1641 ; Boileau, de 1636 ; Huet, de 1630 ; Genest, de 1639 ; etc.

(32) Le P. Oudin, jésuite, né en Champagne en 1673, professa les humanités et la théologie à Dijon, ville qui réunissait alors un grand nombre de littérateurs en réputation. Sa facilité à composer des vers latins était extrême, et Santeuil se soumettait à sa censure. Il a fourni beaucoup de notes au Cicéron de d'Olivet. « Pourquoi, a dit celui-ci, me soumettre à la dure loi qu'il m'a imposée de ne point le nommer ? je lui dois plusieurs remarques signées *anonymes*, qui font la richesse de mon édition ! »

(33) L'amitié dont l'honora Boileau est prouvée par plusieurs lettres de ce dernier. Il lui écrivait le 13 décembre 1709 : « Je vous
» en dirai davantage la première fois que j'aurai le bonheur de vous
» voir. Ce ne saurait être trop tôt. Le droit du jeu serait que j'allasse
» moi-même vous dire tout cela chez vous ; mais comme je ne saurais

» presque plus marcher qu'on ne me soutienne..... je crois que le
» meilleur est de vous voir chez moi. » Et le 4 avril 1710 : « Adieu,
» mon illustre père; aimez-moi toujours, et croyez que je ne perdrai
» jamais la mémoire du service considérable que vous m'avez rendu,
» en contribuant si bien à détromper les hommes de l'horrible affront
» qu'on me voulait faire, en m'attribuant le plus plat et le plus mons-
» trueux libelle qui ait jamais été fait. » Il s'agissait d'une satire
contre les jésuites, que le P. Letellier s'obstinait à attribuer à Boileau,
ce dont celui-ci s'offensait à juste titre, puisque cette satire finissait
par les deux vers suivants, dignes du reste :

> Plus sages désormais, songez à m'épargner,
> Ou sinon rira bien qui rira le dernier.

(34) Il reste de cette correspondance trente lettres de J.-B.
Rousseau, écrites depuis le 1ᵉʳ septembre 1721 au 30 janvier 1739.
On lit dans celles du 9 et du 30 juin 1738 : « Vous savez bien que
» ma confiance a été pour vous sans aucune réserve, et que vous êtes
» celui de tous mes amis sur lequel j'ai le plus compté..... Surtout
» conservez-moi votre amitié, et soyez persuadé que la mienne est
» accompagnée de toute l'estime due à votre mérite et à la supériorité
» de vos talents. »

Toutes ces protestations n'empêchèrent pas Rousseau, qui en re-
poussa l'accusation avec beaucoup de vivacité, d'écrire contre l'abbé
d'Olivet une épigramme que quelques-uns attribuent à un avocat de
Reims, qui garda l'anonyme. Quoi qu'il en soit, elle ne fait point
partie de celles qui ont été publiées dans les œuvres du poëte.

(35) Les relations de Voltaire et de d'Olivet se suivirent sans in-
terruption pendant près de soixante ans; il n'en restait presque aucune
trace : l'immense collection de Kehl ne contenait aucune des lettres
que le philosophe avait écrites à son ancien maître. Le 14 août 1813,
M. Guillaume, de l'Académie de Besançon, en communiqua quarante-
huit à cette société, toutes autographes, et qui avaient été conservées
par M. d'Olivet de Chamole, neveu du célèbre grammairien; elles ont
été publiées en partie dans les nouvelles éditions de Voltaire.

(36) Ce fut M. Thiébault (*Dieudonné*), connu par plusieurs ouvrages sur l'éducation, le style et la grammaire, qui fut choisi. Il fut
très-bien accueilli à Berlin, où il séjourna pendant vingt ans. (Voyez
Biographie universelle, art. Thiébault, et la *lettre de d'Alembert
au roi de Prusse*, du 3 novembre 1764.)

(37) Il s'agit de son discours de réception à l'Académie française et de la préface de sa traduction de la Nature des Dieux. On a vu (note 14) ce que **J.-B.** Rousseau pensait de ce discours, où se trouvent des réflexions que le public, ainsi que lui, crut dirigées contre quelques-uns de ses nouveaux confrères. Dans sa préface, il dit en parlant des commentaires des **PP.** Lescalopier et Lhonoré sur l'ouvrage de Cicéron : « Si ce qui lui vient (au **P.** Lescalopier) de ses prédécesseurs » était revendiqué, et qu'en même temps on ne laissât dans ce qui est » de lui rien de superflu, rien de puéril, son in-folio serait réduit, ce » me semble, à un volume très-portatif. — Le silence est ce qu'il y a » de mieux pour un autre commentaire qui fut imprimé à Paris en 1689 » (celui du **P.** Lhonoré), et qui fait partie de ce qu'on appelle les » *Auteurs Dauphins.* » Ce ton méprisant blessa les rédacteurs des Mémoires de Trévoux ; l'un d'eux, le **P.** Ducerceau, prétendit que son livre (celui de Cicéron) semblait mener à l'athéisme, ou du moins à l'indifférence en matière de religion (*Voyez Biographie universelle,* art. d'Olivet).

(38) C'est le volume tant de fois réimprimé sous le titre de *Remarques sur la langue française,* dont l'édition originale est de 1767. Il serait à désirer que l'on publiât tout ce que d'Olivet a tiré de son propre fonds, il existerait peu de recueils plus utiles et plus intéressants.

(39) Un grand nombre de pères de famille, dit d'Alembert, et de principaux de collége s'adressaient à lui pour recevoir de sa main des sujets propres à l'éducation de la jeunesse ; il en plaça beaucoup, et même en trop grand nombre pour n'être pas souvent trompé dans son choix. Plusieurs hommes de lettres lui furent redevables aussi de leur petite fortune ; un de ses confrères entre autres, à qui il avait rendu les plus grands services, lui témoignait une reconnaissance dont la fausseté perçait à travers les efforts qu'il faisait pour l'en convaincre : « *Ma mort,* disait-il, *lui tirera une grande épine du pied.* »

(40) La franchise bretonne de Duclos ne pouvait s'accorder avec la franchise comtoise de d'Olivet ; mais le premier aurait dû se souvenir que son confrère, déjà sexagénaire lorsque lui-même vit s'ouvrir devant lui les portes de l'Académie, était son aîné de vingt-deux ans.

FIN DES NOTES.

JOSEPHI OLIVETI

ORIGO

SALINARUM BURGUNDIÆ.

ORIGINE

DE SALINS.

ORIGO SALINARUM BURGUNDIÆ.

AD CLAUD. FRAGUERIUM ECLOGA.

ROMANÆ fidicen citharæ, quo sospite priscas
Nunquam barbaries inimica fugaverit artes :
O utinam doctæ possim dulcedine vocis
Assiduum, qui te cruciat, mulcere dolorem!
Quanquam, si possent, animæ pars optima nostræ,
FRAGUERI, immites depellere carmina morbos;
Quam mea tentat opem, melior tibi Musa dedisset
Jam tua, quæ Flacci fuerat prius, atque Catulli.
Sed tamen his vacuas præbebis cantibus aures
Paulisper, tenues nec dedignabere lusus.
Vera loquar : patriâ nimirùm in valle Napæas,
Inclyta mutatæ canerent cum fata SALINÆ,
Audivi puer, et numeros ac verba notavi,
Lentus in umbroso recubans quæ tegmine pastor
Corticibus descripta legit jam grandibus : olim
Me teneris memini mirantem incidere fagis.

Quæ nunc decurrit nostris è collibus unda
Et lætos circum salso rigat ubere campos,
Ante puella fuit. Furtivo candida partu
Phyllodoce, ut perhibent, pelagi sub rupe cavatâ

ORIGINE DE SALINS.

EGLOGUE.

————

CHANTRE de la lyre romaine, toi par qui, tant que tu vivras, jamais les antiques beaux arts ne fuiront devant la funeste barbarie; oh! plût au ciel que par les savants et doux accords de ma voix, je pusse adoucir la continuelle douleur qui te tourmente! Cependant, si mes vers pouvaient, ô la plus chère partie de mon âme! ô Fraguier! s'ils pouvaient chasser loin de toi la cruelle maladie, ce secours qu'essaie de t'apporter ma muse, elle te l'aurait déjà donné, ta muse plus harmonieuse, qui fut jadis celle de Flaccus et de Catulle. Mais pourtant, tu prêteras un peu tes oreilles inactives à ces chants, tu ne dédaigneras point ces faibles jeux. Ce que je vais dire est vrai; il est certain que dans le vallon paternel, encore enfant, j'ai entendu les Napées célébrant les illustres destins de SALINA métamorphosée; j'ai remarqué leur cadence et leurs paroles, que, tranquillement couché sous un feuillage épais, le berger lit, écrites sur l'écorce déjà vieillie, et que je me souviens d'avoir autrefois, avec admiration, gravées sur la tendre écorce des hêtres.

L'onde qui maintenant se précipite du haut de nos collines, et dont les flots abondants et salés arrosent les riantes campagnes d'alentour, fut auparavant une jeune fille. Devenue mère secrètement, la blanche Phyllodoce, comme on l'assure, au fond d'une grotte creusée dans le roc au bord des mers, l'avait mise au jour, semblable à son père. Ses yeux étincelants

Ediderat patri similem. Stellantia purà
Lumina fronte micant : flavæ per colla renident
Alba comæ. Phœbi scires è sanguine cretam.
Ergò in prole suos agnoscere lætus honores,
Occiduo quoties permensos æthera currus
Gurgite demergit, mora nulla, revisere Nympham
Patrius urget amor. Dicebat sæpè : « Beati
» Hoc sumus, humanis quoniam succurrere rebus
» Perpetuus nobis labor, atque æterna voluntas.
» Hinc nostræ libis adolescunt pinguibus aræ,
» Multaque per sacros pendent donaria postes,
» Perque tholos. Clarum sic te quoque nomen habere,
» Nata, volo. Sal ipse dedi mortalibus ægris,
» Sal hominum mensis, sal templis utile Divùm.
» Hos mihi torretur fusci maris humor in usus :
» Sed color austerus remanet. Tu disce nigrantis,
» Nam licet, invisum salis emendare colorem.
» Muneris hæc nostri fuerat pars quam tibi servo,
» Ut votiva novis mereare altaria donis. »
Hæc dicens, propriam monstrabat sedulus artem,
Ipsa autem studio gaudens et amore parentis
Jussa facit solers : fingendi gloria tangit
Una salis. Meruit pro laude SALINA vocari;
Sed nimis, heu! magnâ nomen mercede redemit.
   Annua natali Veneris convivia magnus
Oceanus dabat; et denso crystallina cœtu
Atria complêrant, populos quicumque per omnes
Urnis ingentes fundunt ingentibus undas.
Euphratesque, Indusque, et diti vellere Phasis

brillent sous un front pur; sur ses épaules d'albâtre reluit l'or de sa chevelure; vous sauriez, en la voyant, que le sang de Phébus coule dans ses veines. Aussi, joyeux de retrouver sa beauté dans sa fille, toutes les fois qu'après avoir parcouru l'éther, il plonge son char dans les gouffres de l'occident, point de retard, l'amour paternel presse le Dieu de revoir la Nymphe. Souvent il disait : « Quel bonheur est le mien! ve- » nir au secours des mortels est mon travail sans fin, mon » éternelle volonté. Là, de riches offrandes chargent mes au- » tels; aux portes sacrées de mes temples, à leurs voûtes, » des présents sont suspendus. Un nom célèbre sera aussi ton » partage, ma fille, je le veux. C'est moi-même qui ai donné » aux mortels le sel pour leurs maladies, le sel pour leurs » tables, le sel pour servir dans les temples des Dieux. C'est » pour ces usages que je dessèche l'onde noire de la mer, » mais cette sombre couleur lui reste. Toi, apprends, car tu » le peux, à corriger dans le sel cette odieuse couleur; cette » partie de mon pouvoir, je te la réserve, afin que par ces » dons nouveaux tu mérites qu'il te soit adressé des vœux et » élevé des autels. » En disant ces mots, il lui montrait son art avec empressement; et joyeuse du zèle et de l'amour de son père, elle exécute adroitement ses ordres : elle n'est touchée que de la gloire de former le sel. La récompense qu'elle mérita fut d'être appelée SALINA; mais, hélas! ce fut à un trop haut prix qu'elle acheta ce glorieux surnom.

Chaque année, le jour où naquit Vénus, le vaste Océan donnait un festin; son palais de cristal était rempli de tous ces fleuves qui, à travers tous les peuples de la terre, épanchent de leurs urnes profondes les torrents de leurs eaux; et l'Eu- phrate, et l'Indus, et le Phase dont une riche toison couvre

Instratus latos humeros : gazisque superbus

Ipse suis Ganges, viridem cui multa capillùm,

Multa sinum vario distinguit gemma nitore.

Et sacer ignoto veniens mortalibus antro

Nilus : et auratæ Tagus ostentator arenæ.

Cycnorumque parens jam tum, gratusque Camenis

Eridanus : nulloque ferens se nomine Tybris,

Tenuis adhuc, vix Tybris : et ingens Sequana, nondùm

Ille tamen miscens crinali lilia junco :

Et Rhodanus, flavo cui plurima vertice citrus

Texit odoratâ vernantem fronde coronam :

Proximus et Dubis Rhodano ; sed mitior agris

Parcere : nunc magnis caput aptum turribus offert :

Tunc nudos facili crispabat arundine crines.

Tu quoque, qui medias inter manantia terras

Æquora suspenso cogis parere tridenti,

Hùc, Neptune, venis. Mansisses gurgite clausus

Ionio, Ægeumve rotis, aut Cretica obisses

Littora diversus ! nunc Oceanitidas inter

Purpureo ferret se nobilis ore SALINA,

Candida nec salso mutaret membra liquore.

Festos læta dabat Tritonum buccina cantus ;

Summa levi Phorcus stringebat marmora saltu,

Et Phorci chorus, et mistæ Delphinibus orcæ.

At nitidæ centum, Nereïa turba, puellæ

Aut dapibus mensas onerant, aut plena reponunt

Pocula. Dum vario discurrunt ordine circùm,

Æquoreos puro latices duraverat igni,

les larges épaules; et le Gange, orgueilleux de ses trésors, dont la robe et la verte chevelure brillent de l'éclat d'une multitude de pierreries; et le Nil sacré, venant de son antre inconnu aux mortels; et le Tage, qui étale avec fierté ses sables dorés; puis le père des Cygnes, l'Eridan cher aux Muses, et le Tibre qui ne porte encore aucun nom, faible encore, à peine le Tibre; et la Seine immense, qui ne mêle point encore les lys à sa chevelure de roseaux; et le Rhône, qui voit les branches nombreuses du citronnier entremêler sur sa tête blonde leur feuillage odorant à sa verte couronne; et le Doubs, très-voisin du Rhône, mais qui, plus paisible, ne désole point les campagnes; maintenant il élève sa tête ornée de superbes tours, alors il paraît d'un jonc flexible sa chevelure nue.

Et toi aussi, toi qui forces les eaux étendues au milieu des terres à obéir au trident que tu suspends sur elles, tu viens en ces lieux, ô Neptune! Si tu fusses resté dans les gouffres de la mer d'Ionie, que les roues de ton char eussent sillonné les flots de la mer Egée, ou parcouru loin de nous les rives de la Crète, maintenant au milieu des filles de l'Océan, la noble SALINA se montrerait avec ses lèvres de roses, elle n'eût point changé en une onde salée ses membres éclatants de blancheur.

La joyeuse trompette des Tritons faisait entendre ses accords de fête; Phorcus, dans son léger élan, rasait la surface aplanie des flots, et avec lui le chœur qui porte son nom, et les orques mêlées aux Dauphins. Cent jeunes filles, essaim de Nérée, ou chargent les tables de mets, ou y placent les coupes remplies. Tandis qu'elles s'empressent dans un ordre varié, un feu pur avait durci les eaux de la plaine liquide, et par

Inque nivem tusis imitantem sacchara granis
Arte SALINA novâ tenuaverat. Obtulit illam
Protinus auratâ in conchâ, Venerique dicavit;
Quæ simul apposito candentem vidit in auro
Læta salem, dapibusque novas accedere sensit
Delicias; dulces oculos in virgine amatâ
Fixit; et ipsa suo detractam è vertice myrtum
Crinibus implicuit trepidantis. Lactea tingit
Ora pudor flammâ roseum incendente decorem.
Mille salem celebrant voces et mille SALINAM.
Quippè renodatis, ut erat succincta, decenter
Vestibus, undantes myrto religata capillos,
Et niveos nudata sinus, spectatur; et illam
Dum spectant, venis rapuêre calentibus ignem
Cærulei patres. Quin ipsi, matre relictâ,
Incauto Nympham lapsu assectantur Amores,
Nec Venus advertit formosæ furta SALINÆ.
Solaque dum colitur, solam se credit amari.

    Ante alios Nymphæ studiis majoribus instat
Dubis, et aspectu timidus pellace salutat
Ipse silens : udo flammam sed lumine prodit.

    Sive fuit casus, meruit seu Dubis amorem
Obsequio, certè placuit. Jam prodit et ignes
Penè suos virgo, formamque potentibus auget
Callida blanditiis, et pulchrior esse laborat.
Spectabant læti inter se, nutuque loquaci
Multa susurrabant. Tristem sors improba ludum
Attulit, et festæ turbavit gaudia lucis.

l'art nouveau de Salina, les avait réduites en une neige dont les grains pulvérisés offraient l'image du sucre. Salina l'offrit aussitôt dans une conque dorée, et la consacra à Vénus. Dès que la Déesse enchantée vit briller dans cet or la blancheur du sel, qu'elle eût senti le goût délicat et nouveau qu'il communiquait aux mets, elle fixa de doux regards sur la vierge chérie, et ôtant elle-même de sa tête le myrte qui la couronnait elle l'entrelaça aux cheveux de la tremblante Salina. La pudeur colora la blancheur éclatante de son visage d'une flamme qui y répandit la beauté de la rose. Mille voix célèbrent le sel, mille voix applaudissent à Salina. Alors, dénouant avec décence les vêtements dont elle était couverte, rassemblant avec le myrte ses cheveux ondoyants, mettant à nu son sein d'albâtre, elle s'offre à leurs regards; et tandis qu'ils la contemplent, une flamme rapide circule dans les veines brûlantes des Dieux de l'empire azuré. Bien plus, abandonnant leur mère, les Amours eux-mêmes s'empressent étourdiment autour de la Nymphe. Vénus ne s'aperçoit point du vol furtif de la belle Salina, et tandis qu'à celle-ci s'adressent tous les hommages, seule elle croit être aimée.

Parmi tous, le Doubs fait éclater pour la Nymphe la plus vive passion; d'un regard timide et trompeur il la salue en silence, mais sa flamme se décèle dans son œil humide.

Soit hasard, soit que, par cet air soumis, le Doubs eût mérité d'être aimé, il est certain qu'il plut. Déjà la vierge cache avec peine le feu qui la dévore; ses regards doux et puissants ajoutent habilement à sa beauté, et elle s'efforce d'être plus belle. Pleins de joie, ils se regardaient mutuellement, et leurs mouvements éloquents leur en faisaient beaucoup entendre tout bas. Le cruel destin fit naître alors un triste jeu, et troubla la joie de ce jour de fête.

Ventum erat ad mensæ pueris optata secundæ

Fercula : frigidulis poscebat sacchara fragis

Idalius puer, atque illi Neptunus amico

Fraudem dissimulans blanditu : « Dulcia poscis

» Scilicet, ingratus nobis ut amara rependas. »

Palpatur sic molle jocans, interque jocandum

Fraga Salinari nive perpluit. Ecce tenellæ,

Idalius nam sorbet hians, per mollia linguæ

Sal meat, et sensu fauces uruntur acuto.

Ora madent lacrymis : lacrymas longo excipit omnis

Turba joco; risumque parens vix continet, ulnis

Dum flentem complexa fovet, dumque oscula jungit.

Si puer est, at non puerili excanduit irâ

Læsus amor. « Fragis metues illudere posthàc,

« Teque salis faciet memorem, Neptune, SALINA. »

Dixit : et arreptâ promens duo tela pharetrâ,

Nec similis formæ, neque idem facientia vulnus,

Ilicet hoc Nympham, regem ferit æquoris illo;

Qualibus et Phœbum, et Daphnen Peneida nuper

Fixerat. Hinc mensâ ridens petit alta relictâ.

At maris exarsit domitor. Non tantus inertem

Arentis stipulæ sylvam depascitur ignis,

Quem rapidus flatu violento concitat Auster.

Quid non tentat inops animi ? Nec sæpè repulsus

Abstineat porro cœptis, ni præpete virgo

Aufugeret gressu. Fugientem ac tuta petentem

Excipit arcano scopuli pendentis in antro

Dubis, et, « O mea lux, ait, ó pulcherrima rerum

On en était venu à cette seconde partie du repas où paraissent les mets désirés des enfants : l'enfant d'Idalie demandait du sucre pour le répandre sur les fraises rafraîchissantes; mais Neptune, dissimulant la fraude sous une caresse amicale : « Tu » demandes de la douceur, lui dit-il, sans doute pour venir, » ingrat ensuite, nous rendre de l'amertume. » Ainsi, en badinant, il le flatte doucement de la main, et tout en jouant il fait pleuvoir sur les fraises la neige de SALINA. De sa langue délicate l'enfant d'Idalie les avale avec avidité; le sel pénètre sa langue, et son âcre saveur enflamme son gosier. Ses yeux s'humectent de larmes, ses larmes sont accueillies de toute l'assemblée par un long éclat de rire; sa mère elle-même le retient à peine, tout en caressant, en serrant dans ses bras son fils en pleurs, tout en le couvrant de baisers.

S'il est un enfant, l'Amour pourtant ne s'enflamma pas d'une colère enfantine. « Désormais, dit-il, tu craindras de te jouer » de moi avec des fraises, ô Neptune! et SALINA rappellera le » sel à ta mémoire. » Il dit, et saisissant son carquois, il en tire deux traits, non de forme semblable ni destinés à faire la même blessure; de l'un il perce la Nymphe, de l'autre le roi des mers : c'était de ces mêmes traits que naguère, aux rives du Pénée, il avait percé Phébus et Daphné. Aussitôt, en riant, il quitte la table et remonte dans les cieux.

Mais un violent transport s'empare du dominateur des mers. Avec moins de rapidité le feu dévore un espace inculte couvert d'un chaume desséché, quand le violent Auster l'excite de son souffle impétueux. Que ne tente point le Dieu dans la fureur qui le maîtrise? Souvent repoussé, il n'eût point renoncé à ses entreprises si, d'un pas précipité, la vierge ne se fût enfuie. Dans sa fuite, pendant qu'elle cherche un sûr asile, le Doubs la reçoit dans l'antre secret sur lequel une roche est suspendue : « O ma » vie, lui dit-il, ô le plus beau des ouvrages de la nature, je

» Sunt mihi magna, tuus quæ non aversa tuetur

» Regna parens : nihil est Neptuno juris in illa :

» Sit jus omne tuum. Dea tu mihi, tu Dea Nymphis

» Sola meis, populisque esto, qui littora cumque

» Nostra tenent : nisi te forsan Neptunius ille

» Tangit amor. » Pallet Neptuni nomine, et ultrò

Lapsa reclinati gremio se infundit amantis,

Immemor, heu ! curisque animum turbantibus ægra

Invaduntque viam. Spes et timor urget euntes.

Jamque propinquabant terris quas plurimus amni

Dividit, et vasto locupletat gurgite Dubis.

Jam regna è summo proprius sua monte videbant,

Et dulces hilari spondebant voce hymenæos,

« Quæ mihi fausta redux accendet lumina Vesper !

» Quos tibi mox Nymphæ thalamos, quæ serta parabunt !

» Proveniat matri similis, quæcumque benigno

» Nobis proveniet Lucinæ munere proles :

» Sic oculos, sic ora ferat ; sic brachia tendat ;

» Patria sic roseis innectat colla lacertis. »

Talia Neptuni nimium securus, in auras

Jactabat sponsus. Pelagi rex audiit ; atro

Pulvereæ nam se nubis velârat amictu,

Ponè sequens. « Et nos, ait, hæc impunè puella

» Spreverit ? horrendo torrentes sulphure ripas

» Et Styga contestor, quem spreveris, improba, disces,

» Nec tuus ille tibi, nec tu sociaberis illi.

» Fons eris : at dulcis fugies consortia lymphæ.

» Ite modò, et festas Hymenæo ducite pompas. »

» possède un vaste empire que ton père éclaire, et qui ne lui
» est point odieux : Neptune n'y exerce aucun pouvoir; qu'il
« t'appartienne tout entier. Sois ma seule Déesse, la seule
» Déesse de mes nymphes et de tous les peuples qui habitent
» sur mon rivage, à moins que, par hasard, tu ne sois touchée
» de l'amour de Neptune. » Au nom de Neptune SALINA pâlit,
et se laissant tomber, elle s'appuie sur le sein incliné de son
amant : elle a tout oublié; et l'âme remplie des peines qui trou-
blent leurs esprits, ils commencent leur voyage; leur marche
est pressée par l'espérance et par la crainte.

Déjà ils approchaient de ces contrées que sillonne le Doubs
majestueux, et qu'il enrichit de la masse de ses eaux. Déjà, du
sommet des montagnes, ils voyaient de plus près leur empire,
déjà, dans l'ivresse de leur joie, ils se promettaient un doux
hyménée. « A la fin de quelle journée, Vesper, de retour, allu-
» mera-t-il pour moi ses flambeaux fortunés? quel lit nuptial,
» quelles guirlandes prépareront pour toi les Nymphes? Qu'il
» naisse semblable à sa mère, l'enfant, quel qu'il soit, que nous
» recevrons de la bienfaisante main de Lucine; que tels soient
» ses yeux, que tels soient ses traits, que ce soit ainsi qu'il tende
» ses bras, ainsi qu'il les entrelace autour du cou paternel! »

Tels étaient les discours que, trop peu inquiet de Neptune,
le futur époux fait retentir dans les airs. Le roi des mers l'enten-
dit; enveloppé du noir manteau d'un nuage de poussière,
il les suivait de près. « Eh quoi, dit-il, sera-ce impunément
» que cette jeune fille m'aura dédaigné? Rivages affreux où
» le souffre roule en torrents, fleuve du Styx, je vous en atteste,
» l'audacieuse apprendra qui elle a méprisé. Il ne s'unira
» point à toi, tu ne t'uniras point à lui; tu seras une source,
» mais tu fuiras toute société avec l'eau douce. Allez mainte-
» nant, célébrez les pompes et les fêtes de l'hymen. »

Hæc inter, sævô terram sponsosque tridente
Percutit. Incerto titubantem corpore Nympham
Amplexu Dubis trepido retinebat. At illa
Conjugis ante oculos, atque inter brachia, sensim
Liquitur, et sub rupe cavâ fit salsus aquæ mons.

Quis tibi, Phœbe, dolor, curru sublimis ab alto,
Surgere quum cernis tenuem pro virgine fontem !
Quis tibi tum sensus ! Quam velles posse jacentes
Delabi in terras ! Sed quid tamen hîc quoque possit,
Major ubi contra Deus est, et fata repugnant ?

Quod superest, natæ tumulo decus addere curat;
Utque locum vidit (bifido mons AUREUS (1) astra
Colle petit : collem felici vite coronat
Liber : at in medio, vallis quâ multa recumbit
Prata virent : lætis pinguntur floribus horti),
» Hæc tibi sit sedes, ait; et crudelia quandò
» Fata jubent, primamque tibi jam reddere formam
» Non opis est nostræ, fons esto. Nec tua frustra
» Lympha per ingratos saltus et saxa peribit.
» Fonti stabit honos. Hic olim Sequanus urbem
» Ponet : equis ac Marte potens, navusque laborum
» Sequanus, heroûm soboles : urbique SALINÆ
» Nomen erit. Tum, nata, tibi, regalia quantùm
» Tecta nitent, grandi surgent penetralia sumptu
» Ardua, marmoreos latè suspensa per arcus.
» Hic tuus arte latex niveos duratus in orbes,

(1) Veteres dixêre Aureum montem qui Salinas ambit. Vide Acta
Sanctorum, ad Febr. diem III, ubi de Sancto Anatolio, pag. 559.

A ces mots, de son trident terrible, il frappe la terre et les époux. La Nymphe chancelle; le Doubs tremblant la serrait dans ses bras et la soutenait; mais elle, sous les yeux, entre les bras de son époux, se dissout insensiblement, et sous la roche creusée, devient une source d'eau salée.

Quelle fut ta douleur, ô Phébus! lorsque du haut des airs, élevé sur ton char, tu vis, en place de la vierge, apparaître une claire fontaine! Quels furent alors tes sentiments! Combien aurais-tu voulu pouvoir descendre sur la terre! Mais qu'aurais-tu pu toi-même? Un Dieu plus puissant était ton adversaire, et les Destins s'y opposaient.

Ce qui reste en son pouvoir, il le fait; il s'empresse de donner de l'éclat au tombeau de sa fille; et dès qu'il a vu le lieu où le mont Doré, séparé en deux branches, s'élève vers les astres, Bacchus couronne la colline d'une vigne féconde; entre les deux branches, où s'abaisse une longue vallée, s'étendent des prés verdoyants, des jardins s'émaillent de mille fleurs. « Que tel soit ton séjour, dit il, et puisque ainsi l'ordonnent
» les cruels destins, que te rendre ta forme première n'est
» point en mon pouvoir, sois une source. Tes eaux ne s'é—
» couleront point en vain à travers les rochers et de stériles
» forêts; ta source sera toujours honorée. Là, un jour, les
» Séquanais élèveront une ville; les Séquanais, puissants par
» leurs coursiers et par leurs armes, race héroïque, infatigable
» dans les travaux; le nom de SALINA sera le nom de cette ville.
» Alors, ô ma fille, autant qu'on voit briller les demeures
» royales, s'élèveront à grands frais pour toi de superbes sanc-
» tuaires; le marbre au loin y suspendra ses arceaux. Là, par
» le secours de l'art, tes eaux durcies en globes neigeux,

» Æquorei famam salis , et Neptunia vincet

» Munera : nec radiis cessabo mitibus istas

» Illustrare plagas : claramque ab origine famam ,

» Et tua venturi memorabunt fata poetæ.

FINIS.

» Æquorei famam salis , et Neptunia vincet

» Munera : nec radiis cessabo mitibus istas

» Illustrare plagas : claramque ab origine famam ,

» Et tua venturi memorabunt fata poetæ.

» triompheront en renommée du sel des mers, et des dons de
» Neptune. Mes rayons bienfaisants ne cesseront point d'éclairer
» ces plages ; enfin la gloire de ton origine et tes destins
» seront chantés par les poëtes à venir. »

FIN.